Moralizar, propagar e conscientizar

FUNDAÇÃO EDITORA DA UNESP

Presidente do Conselho Curador
Herman Jacobus Cornelis Voorwald

Diretor-Presidente
José Castilho Marques Neto

Editor Executivo
Jézio Hernani Bomfim Gutierre

Conselho Editorial Acadêmico
Alberto Tsuyoshi Ikeda
Célia Aparecida Ferreira Tolentino
Eda Maria Góes
Elisabeth Criscuolo Urbinati
Ildeberto Muniz de Almeida
Luiz Gonzaga Marchezan
Nilson Ghirardello
Paulo César Corrêa Borges
Sérgio Vicente Motta
Vicente Pleitez

Editores Assistentes
Anderson Nobara
Henrique Zanardi
Jorge Pereira Filho

ALEXANDRE BUDAIBES

Moralizar, propagar e conscientizar
A palavra escrita na luta de Carlos María de Bustamante
(México, 1805-1845)

© 2011 Editora UNESP

Direitos de publicação reservados à:
Fundação Editora da UNESP (FEU)
Praça da Sé, 108
01001-900 – São Paulo – SP
Tel.: (0xx11) 3242-7171
Fax: (0xx11) 3242-7172
www.editoraunesp.com.br
feu@editora.unesp.br

CIP – Brasil. Catalogação na fonte
Sindicato Nacional dos Editores de Livros, RJ

B937m

Budaibes, Alexandre
    Moralizar, propagar e conscientizar: a palavra escrita na luta de Carlos María de Bustamante (México, 1805-1845) / Alexandre Budaibes. São Paulo: Editora Unesp, 2011.
    Inclui bibliografia
    ISBN 978-85-393-0111-9

    1. Bustamante, Carlos María de, 1744-1848 – Visão política e social. 2. México – História – 1821-1861. 3. México – História – 1861-1867. 4. Imprensa – México – História – Século XIX. 5. Jornalismo – Aspectos políticos – México – Século XIX. I. Título.

11-1789
    CDD: 972.04
    CDU: 94(72)"1821/1867"

Este livro é publicado pelo projeto Edição de Textos de Docentes e Pós-Graduados da UNESP – Pró-Reitoria de Pós-Graduação da UNESP (PROPG) / Fundação Editora da UNESP (FEU)

Editora afiliada:

Asociación de Editoriales Universitarias
de América Latina y el Caribe

Associação Brasileira de
Editoras Universitárias

Para Mari e Vantuil.

Agradecimentos

Devo meus agradecimentos à Coordenação de Aperfeiçoamento de Pessoal de Nível Superior (Capes) pelo investimento e apoio concedido à pesquisa.

À professora Maria Aparecida de Souza Lopes pela orientação concedida para a realização deste trabalho.

Agradeço às professoras Marisa Saenz Leme, Yvone Dias Avelino e Denise Aparecida Soares de Moura pelas sugestões e pelos apontamentos que muito contribuíram para o desenvolvimento deste livro.

Estendo os agradecimentos a todos os professores do Programa de Pós-Graduação em História da Unesp, *campus* de Franca, que contribuíram de maneira ímpar no processo de desenvolvimento intelectual.

Agradeço à minha avó Cynira e aos meus pais Mari e Vantuil, a quem a dedicatória não mensura o quanto sou grato pelo apoio dado em todos os momentos e também pelo amor e carinho que nunca me deixaram faltar.

Deixo aqui meus agradecimentos ao grande amigo Cesar Agenor Fernandes da Silva, com quem partilhei alegrias e tristezas sob o mesmo teto, por um período de mais de dois anos.

Minha gratidão a Gabriel Gonzalo Rodríguez, Lucas Miranda Pinheiro, Camila de Souza, Flávio Henrique Dias Saldanha, Moisés

Antiqueira, Tássio Franchi, Gustavo Bueno, Luis Fábio Soriani Júnior (*in memoriam*), José Aurélio ("O Livreiro"), Renato Martinelli, Semíramis Corsi, Douglas Biagio Puglia, Jonas Marangoni, Melissa Carolina Marques Santos e Paula, Cássia Donizetti Vassi, além de Mayra Adriana Hernández González.

Quero agradecer a todos os funcionários da Unesp, em especial ao Alan da seção de pós-graduação. E a todas as outras pessoas que por ventura tenha deixado de citar nominalmente, mas que se sintam parte da realização deste trabalho. A todos deixo aqui o meu "muito obrigado".

"Veja e screva", disse o espírito de Deus a São João no "Apocalipse"; se fosse puritano, acreditaria que o eco de minha pátria chegava a meus ouvidos e me dizia o mesmo; cumpro com este preceito.

Carlos María de Bustamante

O escritor público é o gladiador generoso do pensamento, que escreve dia a dia, na cara de todo um povo e sobre a areia sangrenta do jornalismo, as páginas calorosas que fazem vibrar de entusiasmo o coração das massas.
O que discute não combate. O que discute pela palavra escrita ou falada renuncia a dirimir sua questão pelas vias de fato.
Discutir é, pois, render uma homenagem à razão.

Bartolomé Mitre

Sumário

Prefácio   13
Apresentação   17

1   Carlos María de Bustamante no
    cenário mexicano do início do século XIX   25
2   Carlos María de Bustamante a partir
    da morte de José María Morelos y Pavón   55
3   A "conscientização" do povo mexicano por meio
    da obra *Apuntes para la historia del gobierno del general
    don Antonio López de Santa Anna...*   79

Considerações finais   97
Referências bibliográficas   105

Prefácio

Refletir sobre o contexto mexicano há duzentos anos do Grito de Dolores – o qual, de fato, nasceu como movimento de lealdade dos *criollos novohispanos* à monarquia espanhola e em oposição ao "mau governo" instituído pelas tropas napoleônicas na Península Ibérica em 1808 – é uma tarefa fascinante. Naquela ocasião, o Antigo Regime começava a se desmoronar. Aqueles "franceses invasores" não somente instalaram como cabeça da monarquia espanhola um rei ilegítimo, como também tentaram desestruturar as bases do contrato estabelecido entre aquela e seus reinos europeus e americanos, questionando, entre outros pilares, as diretrizes da própria Igreja Católica. A resposta não se fez esperar, e a criação de *juntas* em nome do rei deposto foi uma forma de resistência comum utilizada pelos súditos de ambos os lados do Atlântico. Poucos anos depois, outros acontecimentos radicalizaram ainda mais as respostas de americanos e peninsulares. A Constituição de Cádiz de 1812, que deveria vigorar em todos os territórios espanhóis, limitou o poder do monarca, aboliu o tributo indígena, o trabalho forçado e a inquisição; estabeleceu maior controle da Igreja e garantiu direitos iguais a indígenas e mestiços. Nem todos os americanos estavam a favor dessas propostas, consideradas extremas, e alguns, conservando firme lealdade à monarquia absoluta e à Igreja Católica, reagiram de forma não menos extrema. Iniciaram-se assim "guerras civis", de acordo com a definição de Jaime Rodríguez, que concluíram com a desintegração da América espanhola, algumas décadas depois.[1] Diante dessas convulsões, Carlos María de Bustamente e outros intelectuais americanos consideraram ter a obrigação moral não somente de refletir e compartilhar com seus pares as indecisões e lições que lhes eram contemporâneas, mas também de educá-los, embasados em princípios ilustrados. O livro que o leitor tem em mãos é um convite de Alexandre Budaibes a observar uma transição complexa: entre o que restava do altivo e influente vice-reino da Nova Espanha e o inseguro e instável México independente. Os escritos de Bustamente são, neste sentido, um veículo imprescindível. Ao longo de sua trajetória esse intelectual refletiu sobre a melhor forma de organizar o Estado independente, de educar e incorporar seus concidadãos aos novos parâmetros políticos, de distribuir os benefícios do sistema de livre comércio e de como adaptar leis antiquadas à nova realidade. Essa não foi uma missão menor e, na ausência de partidos políticos, os jornais, os *catecismos políticos* e os panfletos foram comumente utilizados no combate de ideias que, como sabemos, tinham seu raio de expansão ampliado para além dos leitores propriamente ditos, por meio de leituras públicas e tertúlias.

Moralizar, propagar e conscientizar apresenta para o público brasileiro um dos contextos mais complexos da história oitocentista mexicana por meio dos escritos de um membro da elite ilustrada. Entre 1810 e 1850, o país transitou entre diferentes formas e sistemas de governo, sofreu invasões estrangeiras e fragmentação territorial e teve seu poder econômico ameaçado. Carlos María de Bustamente analisou alguns desses desajustes com a expectativa de que não voltassem a ocorrer e pretendendo também "conscientizar" o povo mexicano acerca de seus "insucessos históricos". Seu objetivo foi simples: narrar o passado em detalhe para que as gerações futuras não experimentassem com

---

[1] A melhor estudo sobre os movimentos de independência na América espanhola é, sem dúvida, a obra de Jaime E. Rodríguez O., *La independencia de la América española*, México: Fondo de Cultura Econômica, 1996.

modelos já testados e provados inadequados pelos antepassados. Mas os alcances de sua obra vão muito além desse objetivo, claro está que continuamos a repetir o passado. A obra de Bustamente é imprescindível para o pesquisador das lutas do México independente porque, ao tentar descrever suas experiências, assenta as bases de fundação da frágil unidade nacional mexicana que tardaria muitos anos mais para se consolidar. Esses entre outros temas analisados ao longo do estudo de Alexandre Budaibes fazem deste livro leitura obrigatória para a análise da conformação dos Estados-nação no século XIX nas Américas. Outro aspecto importante é que este trabalho revela um México que, em primeira instância, contrasta com o Brasil da primeira metade do século XIX. Vale a pena aceitar o convite desse jovem historiador e começar a pensar em termos comparativos tanto no sul como no norte do continente.

MARIA-APARECIDA LOPES
California State University, Fresno

APRESENTAÇÃO

A imprensa do século XIX exigiu transcendência histórica na medida em que as sociedades independentes buscaram organizar-se política e administrativamente. Dessa forma, além de poder ser entendida como resultado da informação, a imprensa também pode ser vista como a geradora de opinião pública, talvez como limite do poder e expressão deste.

Os jornais precederam os partidos políticos – as ideias e correntes de opiniões por eles veiculadas – e formaram uma imprensa apropriada antes de se solidificarem em movimentos políticos organizados. Ao ponderarmos, por exemplo, sobre a experiência da imprensa mexicana no século XIX, nela encontraremos os principais atores da longa luta pela sua liberdade. A imprensa sempre serviu como cenário aos principais conflitos da sociedade em plena transformação, constituindo-se, enfim, no próprio objeto e sujeito históricos.

Na opinião da historiadora Paula Alonso (2004, p.8), a palavra "discutir" foi o objetivo da imprensa do século XIX. Determinar que essa imprensa era política, de opinião ou partidária, seria uma redundância. Ainda que informasse, isso não era sua principal meta. A imprensa destacou-se, no continente americano, pelo surgimento de pugnas políticas e ideológicas que cercaram o período das independências. Com a consolidação destas, a imprensa, ao longo do século

XIX, tornou-se um dos principais âmbitos de discussão pública e uma das mais utilizadas formas de fazer política.

Alonso (2004, p.8) considera que, inevitavelmente, muitos dos que escreveram nesses jornais e revistas depositaram em sua existência a esperança de que a discussão apaziguaria as lutas persistentes. Além disso, de protagonista na vida política no século XIX, a imprensa converteu-se em um indicador do grau de liberdade de expressão, permitida pelos governos, nas sociedades em que atuava; da mesma forma, foi utilizada para medir o nível de "civilização" das sociedades, sendo, até mesmo, contabilizada, ao lado das cifras de população, alfabetização, entre outras, nos primeiros censos nacionais.

A imprensa do século XIX e início do XX abrangeu uma forma de escrita pública que incluiu panfletos, periódicos, diários e revistas. Os primeiros foram utilizados na primeira metade do século XIX, com uma publicação mais constante na segunda metade, para, então, desaparecer no século posterior. Os periódicos e os diários, ainda que presentes na colônia, cresceram aceleradamente depois de conquistada a independência. Por sua vez, as revistas foram empreendimentos mais tardios, que tiveram suas primeiras publicações em meados do século XIX e chegaram ao fulgor nas primeiras décadas do XX (ibidem, p.8-9).

O jornalismo foi um fenômeno urbano e seletivo. Na América espanhola colonial, as primeiras cidades que contaram com uma imprensa foram os centros político-administrativos (Cidade do México e Lima) e evangelizadores (missões guaranis do Paraguai ou de Córdoba no Río de la Plata).

Durante os séculos XVI e XVII, o mercado dos impressos era exíguo. As primeiras expressões do jornalismo colonial hispano-americano foram as *hojas volantes*, também conhecidas como *relaciones*. Essas publicações não se repetiam em intervalos regulares, surgiam somente em ocasiões especiais, e se ocupavam, monograficamente, de narrar os acontecimentos mais interessantes, expostos às vezes de maneira exagerada (Timoteo Álvarez & Martínez Riaza, 1992, p.32).

No transcorrer do século XVIII, quando as *relaciones*, os *noticiarios*[1] e *avisos* não mais cumpriam seus objetivos iniciais – noticiar as necessidades da administração e do governo e o desenvolvimento cultural –, apareceram as *gacetas*. Nesse quesito, a Nova Espanha, novamente, ocupou lugar de destaque perante os outros vice-reinados, sendo a primeira a editar essa nova forma de propagar as notícias. Ao florescer do século XIX, surgiu, no ano de 1805, o primeiro periódico diário desse vice-reinado, o *Diario de México*, com artigos de literatura, arte e economia (García Cubas, 1896, p.461).

Entre os criadores desse periódico, esteve o advogado, jornalista, político e historiador Carlos María de Bustamante (Oaxaca, 1744-1848), que, por meio da imprensa, procurou transmitir ensinamentos, assumindo o papel de pedagogo,[2] além de entender-se no dever de fazer de cada um de seus textos uma lição de moral ou de aprendizagem prática (Castelán Rueda, 1997, p.40).

Posto isso, neste livro, analisamos, por meio do estudo de algumas das principais obras de Bustamante, sua atuação como propagador de ideias, as quais pretendiam conscientizar a população sobre o momento histórico contemporâneo. Abordamos esse período, pois foi nele que o vice-reino da Nova Espanha, com a invasão de Napoleão à metrópole espanhola em 1808, vivenciou uma instabilidade política que derivou na conquista da sua independência no ano de 1821.

Consumada a independência da Espanha, iniciou-se, no México, um período de descolonização caracterizado por instabilidade política, violência, desestruturação econômica e procura incessante por um modelo que substituísse o sistema colonial desaparecido. Perante a queda da monarquia colonial, o poder se fragmentou, e surgiram, com força, os líderes com bases locais e regionais. Os novos governos,

---

1 Boletins com informações, de caráter internacional, que receberam esse nome. Nesses impressos, havia notícias breves e numerosas, e avisos publicitários, reproduzidos de outros impressos editados na metrópole (Timoteo Álvarez & Martínez Riaza. 1992, p.33).
2 Bustamante exerceu esse obsessivo papel moralizador. Sua ideia principal era "civilizar a plebe e reformar seus costumes". Para realizar essa "missão", o autor escrevia seus artigos inspirado pelos princípios de civismo e da moral cristã.

geralmente de curta duração, se viram impotentes para fazer valer sua influência partindo da capital para o restante do país. A autonomia política produziu um grande período de descontrole no México, até o estabelecimento de um governo relativamente estável em 1867.

É importante destacarmos que, na primeira metade do século XIX, surgiram e sucumbiram muitos governos, constituições e governantes. Depois de consolidada a independência, o México teve dois impérios, duas Repúblicas centralistas, três federalistas, além de vários regimes provisórios ou sem designação alguma. As constituições, nesse período, foram cinco. Os homens que governaram o país totalizaram quarenta e um, em sessenta e cinco períodos administrativos.[3]

No que diz respeito ao jornalismo, o México independente herdou dos tempos coloniais e dos anos de luta por sua liberdade política uma imprensa que se aproveitou do forte sabor dos periódicos informativo-polêmicos, os quais mantiveram um domínio indiscutível sobre as outras formas de publicação, desde 1821 até a revolução mexicana, de 1910 (Ross, 1965, p.359).

Essa instabilidade política, principalmente entre o ano de 1821 até a década de 1860, pode ser mais bem compreendida em função da diversidade de projetos sociais, políticos e econômicos, viáveis ou não, para que o país engrenasse. Um dos principais personagens que colaboraram para esses acontecimentos foi o general Antonio López de Santa Anna, presidente do México em onze ocasiões. Justamente nesse cenário de transição entre essas duas fases, focamos os anseios de Carlos María de Bustamante, que, por intermédio de suas obras, buscou elucidar a árdua luta na qual se defrontavam o Antigo Regime e o pensamento liberal nas áreas políticas e culturais do século XIX.

A escolha por Bustamante pautou-se no fato de o escritor ter "transitado" entre "dois mundos": a próspera e altiva Nova Espanha e o México independente, totalmente desordenado e ameaçado política e economicamente (Zoraida Vázquez & Hernández Silva, 2001). Neste livro, pretendemos mostrar como Bustamante captou essas confrontações no decorrer dos acontecimentos que ele presen-

---

3 Cf. Quadros 1, 2 e 3.

ciara nesses "mundos", dando um enfoque maior, entre os textos analisados, à obra *Apuntes para la historia del gobierno del general don Antonio López de Santa Anna, desde principios de octubre de 1841 hasta 6 de diciembre de 1844 en que fue depuesto del mando por uniforme voluntad de la nación*.

Nas páginas do *Diario de México*, Bustamante recorreu à religião católica com o objetivo de alterar os costumes, "moralizar e civilizar" a plebe – ou seja, por meio de sua palavra escrita, buscou "propagar" o que se considerava ser uma melhora na forma de vida dos habitantes da Nova Espanha. Como um jornalista ilustrado, o autor compreendeu que poderia examinar, minuciosamente, e retificar os vícios, dar conselhos sobre os deslizes graves, além de oferecer fórmulas de como se viver bem, já provadas por alguns países da Europa (Castelán Rueda, 1997, p.36).

Ao aderir ao movimento insurgente, em 1813, a intenção do autor foi narrar e "propagar", nas páginas do jornal *Correo Americano del Sur* e na obra *Cuadro histórico de la Revolución Mexicana* (Bustamante, 1985a), os acontecimentos referentes às expedições militares dos exércitos dirigidos pelos padres Miguel Hidalgo y Costilla e José María Morelos y Pavón.

Em sua tentativa de "conscientizar" os mexicanos, principalmente depois de consumada a independência do México, Bustamante continuou utilizando a palavra escrita em suas obras, desejando que a nação melhorasse a sua sorte. Para alcançar esse objetivo, Bustamante, na obra *Apuntes para la historia del gobierno del general don Antonio López de Santa Anna* ..., pretendeu que "os erros cometidos no passado tornassem os mexicanos mais cuidadosos e assim evitassem outros erros maiores no futuro". Além disso, desejou que seus contemporâneos conhecessem o que ele denominava "deslizes" e a "imoralidade" dos governantes (Vázquez Mantecón, 1985, p.XI).

Bustamante iniciou a obra *Apuntes para la historia del gobierno del general don Antonio López de Santa Anna*... em 1843, ano em que o México vivia sob a ditadura do general Antonio López de Santa Anna, e os publicou em 1845. A obra é constituída por vinte e seis cartas, que discorrem sobre os fatos ocorridos entre os meses de outubro de

1841, momento em que Santa Anna assumiu o comando do México, e fevereiro de 1845, quando foi preso e acusado, formalmente, de traidor do México, para depois ser julgado.

Devemos ressaltar que, para a realização deste trabalho, a edição que utilizamos não é original, mas um fac-símile reorganizado por Horacio Labastida, em 1986, e editado pelo Fondo de Cultura Económica (FCE), em conjunto com o Instituto Cultural Helénico. Consta, na apresentação, que ambas as instituições pretenderam resgatar uma boa parte da bibliografia histórica mexicana e agruparam algumas obras, entre elas *Apuntes para la historia del gobierno del general don Antonio López de Santa Anna...*, em uma coleção sob o nome de *Clásicos de la Historia de México*.

No primeiro capítulo, nosso objetivo é mostrar como Bustamante tentou "moralizar/civilizar a plebe" do vice-reino – utilizando-se da palavra escrita por meio dos artigos publicados no *Diario de México*, no contexto de formação da opinião pública favorável à independência. Apresentaremos, ainda, a sua participação e colaboração nos exércitos de Morelos, quando o autor narrou e propagou, nas páginas do *Correo Americano del Sur*, a luta de independência.

No segundo capítulo, analisamos a visão de Bustamante acerca da Nova Espanha, desde a sua saída dos exércitos insurgentes, quando escreveu a obra *El indio mexicano o Avisos al Rey Fernando Séptimo para la pacificación de la América Septentrional*, na qual enaltece a figura do rei espanhol, até os primeiros anos da independência mexicana. Nesse período, por meio das páginas dos jornais *Juguetillo, La Abispa de Chilpanzingo* e *El Cenzontli*, o autor pretendeu proporcionar ao México uma relação de acontecimentos que, em sua opinião, formariam a identidade nacional mexicana. Por fim, descrevemos a participação de Bustamante no processo de consumação da independência, por meio da obra *Cuadro histórico de la Revolución Mexicana*, e finalizamos o capítulo com as reflexões desse autor sobre os assuntos ligados ao cenário político mexicano pós-independência.

O terceiro capítulo tem como objetivo central discorrer sobre a visão de Carlos María de Bustamante a propósito das atitudes do general Santa Anna, durante os seus governos no transcorrer da primeira metade da década de 40 do século XIX. O autor expressou suas opiniões por meio de "cartas abertas", dirigidas a um "querido amigo", nas quais desejou uma conscientização dos seus contemporâneos.

Sobre o título deste livro, *Moralizar, propagar e conscientizar*, acreditamos que a luta de Carlos María de Bustamante durante os mais de quarenta anos, na qual utilizou a palavra escrita, serviu como objetivo de transmitir às "gerações futuras" memórias para a construção da identidade e da história do México.

Mapa 1 – O México às vésperas da independência

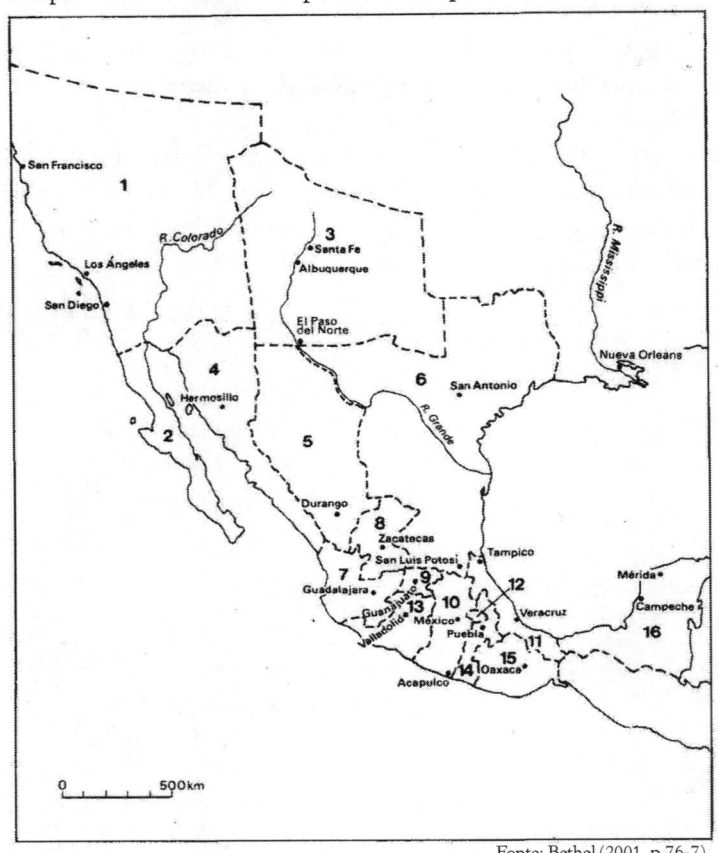

Fonte: Bethel (2001, p.76-7)

Chave do Mapa

1. Governo da Nova Califórnia
2. Governo da Velha Califórnia
3. Governo do Novo México (uma Província Interna do Oeste)
4. Intendência de Arizpe (governo de Sonora e Sinaloa, Províncias Internas do Oeste)
5. Intendência de Durango (governo de Nueva Vizcaya, uma Provínvia Interna do Oeste)
6. Intendência de San Luís Potosí (inclui os governos de Coahuila, Texas, Nuevo León, Nuevo Santander, as Províncias Internas do Leste)
7. Intendência de Guadalajara
8. Intendência Zacatecas
9. Intendência de Santa Fe de Guanajuato
10. Intendência do México
11. Intendência de Veracruz
12. Governo de Tlaxcala
13. Intendência de Valladolid de Michoacán
14. Intendência de Puebla
15. Intendência de Antequera de Oaxaca
16. Intendência de Mérica de Yucatán

1
CARLOS MARÍA DE BUSTAMANTE NO CENÁRIO MEXICANO DO INÍCIO DO SÉCULO XIX

O *Diario de México* e a "moralização e civilização" da plebe

Neste capítulo, trataremos sobre o objetivo proposto por Bustamante no sentido de "moralizar e civilizar" os habitantes da Nova Espanha, por meio de sua palavra escrita, publicada no jornal o *Diario de México*. Abordaremos também a luta por ele empregada, a partir da concessão da liberdade de imprensa promulgada pelas Cortes de Cádiz, contra as atitudes políticas adotadas pelos governantes do vice-reino, bem como sobre a inserção do autor no movimento insurgente a favor da independência, comandado pelo padre José María Morelos.

Do casamento de José Antonio Sánchez de Bustamante, espanhol, com María Gerónima Merecilla y Osorio, *criolla*, nasceu, no dia 4 de novembro de 1774, em Oaxaca, Carlos María de Bustamante. Aos 12 anos, Bustamante iniciou seus estudos de gramática latina com o professor Ángel Ramírez. Em 1789, iniciou o aprendizado em filosofia, no Seminário de Oaxaca, sob a direção do professor Carlos Briones. No ano de 1794, mudou-se para a Cidade do México e alcançou o grau de bacharel em artes. De volta a Oaxaca, começou a estudar teologia no Convento de San Agustín com o texto do padre Lorenzo Berti e o compêndio de Hieronymus Maria Buzius. O grau de bacharel em teologia foi conseguido em 1800.

Anteriormente, em 1796, Bustamante iniciou sua carreira de jurisprudência na capital do vice-reinado, no Colegio de San Pablo, no qual frequentou as aulas do seminário e, ao mesmo tempo, foi ensinado por seu irmão, Manuel Bustamante, quem contribuiu com seus estudos apresentando-lhe os livros de Johann Gottlieb Heineccius e Jean Damat. Além de dedicar-se à jurisprudência, Bustamante estudou a língua francesa. Por meio desses estudos, conheceu o doutor Antonio Labarrieta, brilhante homem das letras e quem, em 1799, o apresentaria ao padre Miguel Hidalgo y Costilla.

Em 31 de julho de 1801, já casado com a senhora María Manuela García Villaseñor, Bustamante obteve o título de advogado na cidade de Guadalajara, na qual trabalhou como relator. Regressando à Cidade do México, desempenhou a função de defensor de ofício na *sala del crimen de la Audiencia*, para, posteriormente, ingressar como advogado no escritório do *síndico del Ayuntamiento* Francisco Primo de Verdad y Ramos.

Bustamante, durante esse período, conheceu e interessou-se pelas ideias ilustradas, defendidas por homens que mantiveram altos cargos na Nova Espanha, como o próprio vice-rei José de Iturrigaray e o ouvidor da *sala de crimen*, Jacobo de Villaurrutia. Enrique Krause (2005) destaca que, diferentemente de seus contemporâneos, que já eram intelectuais ilustrados – José María Luis Mora lera Jeremy Bentham, e Lucas Alamán traduzira Edmund Burke –, as ideias de Carlos María de Bustamante estavam firmemente enraizadas em uma tradição ligada à cultura religiosa e à literatura barroca, sempre propensas à interpretação analógica da história e emblemática da vida. Talvez, por tal motivo, não tivesse aderido, até então, aos ideais iluministas.

De acordo com Ernesto de la Torre Villar (2003, p.38-9), os projetos da ilustração, que atraíram Bustamante, estiveram pautados no jusnaturalismo racionalista de Heineccius e Samuel von Pufendorf e também de espanhóis como o padre Mariana y Martínez Marina. Sabemos que essas ideias se vinculavam ao pensamento de John Locke, David Hume, Tomas Paine, Edmund Burke e também de Charles Montesquieu e

Jean-Jacques Rousseau, cuja influência nas ideias políticas hispano-americanas foi colocada em evidência por Jefferson Rea Spell.

A chamada "ilustração mexicana" não esteve caracterizada por homens que defenderam as qualidades e os valores de sua pátria barroca nem pelos que tentaram uma renovação filosófica, ou mesmo por quem esteve em dia com as questões científicas, mas por outros que, fazendo isso ou não, deixaram de ver com consentimento a realidade mexicana e começaram a julgá-la violentamente (Manrique, 2002, p.487).

Jorge Alberto Manrique (2002) ressalta que não houve, no México, ateus, inimigos da Igreja ou racionalistas puros (postura que classificava os ilustrados), mas homens que coincidiram na atitude crítica da sociedade em que viveram. Foram esses homens que produziram o "despertar" do "sonho da Nova Espanha", já que não acreditavam nos valores próprios e se empenhavam em destruí-los.

Por meio do relacionamento com esses homens ilustrados e em função da permuta de opiniões entre eles, Carlos María de Bustamante, com o consentimento do vice-rei Iturrigaray, fundou, em 1º de outubro de 1805, o *Diario de México* – primeiro periódico mexicano publicado diariamente –, sob a direção de Jacobo de Villaurrutia, do qual o próprio Bustamante fora designado editor.

Os fundadores não tiveram uma proposta bem definida para o *Diario de México*, uma vez que o vice-reinado estava acostumado às notícias editadas pelo órgão oficial da Coroa espanhola, *La Gaceta de México*.[1] De fato, o novo periódico foi anunciado sem se propor deliberadamente a transformação dos súditos do rei em cidadãos. Segundo Jesús Timoteo Álvarez e Ascención Martínez Riaza (1992, p.55), os

---

[1] Jornal fundado em 1784 – depois de duas publicações homônimas em 1722 e 1728 –, cujo editor foi Manuel Antonio Valdés Murguía y Saldaño. Em suas páginas, podiam-se encontrar informações científicas, crônicas religiosas, catálogo de funcionários e uma seção fixa destinada aos avisos. Em 1805, ficou sob a responsabilidade de Juan López Cancelada. Com a invasão napoleônica à Península Ibérica e suas repercussões, em janeiro de 1810, *La Gaceta de México* passou de órgão oficioso do vice-reinado a órgão oficial e se manteve com o nome de *La Gaceta del Gobierno de México* até 1821 (Ross, 1965, p.356).

editores tiveram como preocupação ilustrar o povo e centraram seus escritos nas transformações dos costumes, na moral, nos vícios, ou seja, em tentativas de "melhorar" a forma de vida dos habitantes do vice-reino da Nova Espanha.

Antes de prosseguirmos com o tema proposto – o *Diario de México* –, devemos elucidar esses dois vocábulos – povo e cidadão –, aos quais foram atribuídos diversos significados, amplamente discutidos pela historiografia. Primeiramente, mencionamos que, dentro da tradição política espanhola, vigente no fim do período colonial e por boa parte do independente, o termo "povo" manteve a acepção organicista e corporativa, própria do Antigo Regime.

Segundo José Carlos Chiaramonte (1997a, p.114), a concepção para o termo "povo" era baseada não em teores atomísticos e partidários da igualdade de condições para todos os membros da sociedade, mas como um conglomerado de estamentos, corporações e territórios, com as adequadas relações próprias de uma sociedade que convertia no político a desigualdade arraigada na economia. Ou seja, um reflexo das questões sociais relacionadas com maneiras de participação basicamente corporativas, não individuais e expressas em vocábulos metaforicamente apropriados ao organismo humano.

Por sua vez, a palavra cidadão, que talvez não tenha gerado muitas discussões dentro do vocabulário da época, motivou e motiva tantos debates quanto outros termos. De acordo com Chiaramonte (2002, p.96), sobre tal vocábulo incidia um significado do Antigo Regime, herdado do século XVIII. O autor menciona que, na primeira edição do *Diccionario de la Real Academia Española*, em 1723, cidadão carregava o seguinte significado: "o habitante de uma Cidade, que goza de seus privilégios, e está obrigado aos encargos, não liberando-se deles, salvo particular isenção [...]" (tradução nossa). Por meio dessa definição, de acordo com Chiaramonte, define-se um uso do vocábulo para a época que marca a sua peculiaridade histórica, uma vez que a condição de cidadão não implicava sua participação em um universo político igualitário, mas privilegiado, tal qual correspondente à também privilegiada qualidade de cidade.

Voltando à abordagem sobre o *Diario de México*, com a publicação do novo jornal mexicano, as desavenças entre os três idealizadores

Iturrigaray, Villaurrutia e Bustamante não demoraram a aparecer, fato que acarretou uma suspensão temporária, no último dia de dezembro de 1805, da publicação do periódico, após três meses de seu início.[2] A respeito das diferenças com o vice-rei Iturrigaray, Bustamante (2002, p.19) escreveu, em sua autobiografia *Hay tiempos de hablar y tiempos de callar*, que, com a publicação do *Diario de México*, o vice-rei passou a ter apreensões, pois, no periódico, notaram-se defeitos em seu governo. Assim sendo, o vice-rei acreditou que o jornal traria futuros problemas e ordenou que sua publicação fosse interrompida.

As desavenças entre Bustamante e o diretor Villaurrutia foram de caráter técnico, porquanto este pretendeu introduzir nas páginas do *Diario de México* uma nova forma ortográfica, a qual, de acordo com Antonio García Cubas (1896, p.461), sujeitava a escrita à pronúncia, sem atender em nada à etimologia. A tentativa do diretor foi objeto da divergência entre o editor e o vice-rei, e foi assim que o próprio Bustamante (2002, p.18-9) manifestou sua opinião anos depois do problema ocorrido:

> Não é fácil dar uma ideia exata do muito que sofri na empresa a começar pela nova ortografia que o sr. Villaurrutia pretendia adotar, distinta a da academia espanhola: este projeto assemelhava-se ao de Voltaire quando pretendeu que a forma de escrever francesa fosse igual à pronúncia daquele idioma. Sobre isto tive contestações amargas com o vice-rei, chegando este a me ameaçar, dizendo que me mandaria a uma prisão; era muito homem para fazê-lo, pois seu poder era ilimitado. (tradução nossa)

A partir da suspensão do *Diario de México*, Bustamante tentou prosseguir com sua publicação, o que conseguiu somente sob a condição de que o vice-rei tivesse como responsabilidade pessoal a correção dos originais. Essa censura trouxe muitas consequências não só ao que concerne ao conteúdo, já que, segundo Victoriano Salado Álvarez (1933, p.28), o vice-rei proibia desde o escrito mais inocente até tudo o que

---

2 O periódico *Diario de México*, de acordo com Timoteo Álvarez & Martínez Riaza (1992, p.45), foi impresso em 25 volumes, até seu desaparecimento em 1817.

ofendesse seu governo e sua autoridade. Essa verificação trouxe também problemas técnicos, pois, em razão de suas muitas atribuições, o vice-rei demorava para realizar a revisão e, por vezes, reprovava a pauta, fazendo que os impressores trabalhassem até mesmo no período noturno.

De acordo com o primeiro número do *Diario de México* – dedicado ao vice-rei José de Iturrigaray –, a intenção de seus editores era ser útil "a essa famosa capital". Segundo Celeste Flores Cartwright (2002), os responsáveis pelo jornal anunciaram que seu objetivo central era cobrir a demanda informativa popular e realizar um trabalho social de comunicação que promoveria o progresso da Nova Espanha. Eis a mensagem dos idealizadores no prólogo do periódico:

> Nós não temos que protestar porque nos metemos a ser escritores de preceitos superiores, nem por súplicas de amigos, nem porque nos devora o amor patriótico, mas sim, porque queremos fazer bem a humanidade. Pareceu-nos que o jornal seria útil nesta famosa Capital e que a proporção da qualidade que déssemos ao público poderia ser útil para nós. (apud Castelán Rueda, 1997, p.31, tradução nossa)

Nesse prólogo, existem três pontos fundamentais para compreender as ideias ilustradas da época. Primeiramente, a necessidade de seus editores de marcar o "amor à pátria" como o principal motivo para editar um jornal, ainda que, posteriormente, vários artigos tivessem contradito o manifestado no prólogo.

Salientamos, no entanto, que essa manifestação intentando firmar um "amor à pátria", mencionado pelos editores, nada mais foi do que uma incitação ao amor do local de nascimento, já que, de acordo com Eric Hobsbawm (2002), "pátria" ou, no uso mais popular, "terra" significava apenas "o lugar, o município ou a terra onde se nascia", ou "qualquer região, província ou distrito de qualquer domínio senhorial ou Estado". Hobsbawm (2002, p.28) acrescenta ainda que, até 1884, a terra não era vinculada a um Estado, e que, até 1925, não se ouviu nenhuma nota sobre o patriotismo moderno, que definia pátria como "nossa própria nação, com a soma total de coisas materiais e imateriais passadas, presentes e futuras, que gozam da amável lealdade dos patriotas".

O segundo ponto a ser destacado refere-se ao interesse dos jornalistas por delimitar sua ação, tendo como divisa a capital do vice-reino, ainda que, na prática, o *Diario de México* circulasse também em outras cidades importantes do vice-reinado. Por último, vale ressaltar ainda que os responsáveis pelo jornal desejaram agradar aos leitores, ou seja, intencionaram escrever para um público que percebesse o periódico como um instrumento social e que fosse capaz de aceitar, rechaçar e discutir as ideias que nele se apresentassem.

Similarmente aos vocábulos povo, cidadão e pátria, o termo cidade também possuía um outro significado. Conforme esclarece Chiaramonte (2002, p.96-7, tradução nossa), por cidade entender-se-ia: "conjunto de pessoas congregadas a viver em um lugar, sujeitas às leis, a um governo, e gozando de certos privilégios e isenções, que os senhores Reis se valeram de conceder-lhes segundo suas vontades". Analisando essa acepção do termo, o autor acredita que a cidade era algo mais que um tipo de assentamento de população, no sentido do urbanismo.

Os editores do *Diario de México* não se dirigiram aos "vassalos do reino", nem aos "indivíduos do rei da Espanha", nem aos "habitantes deste país", mas a um público a quem esperavam satisfazer e de quem esperavam uma resposta, ou seja, uma opinião (Castelán Rueda, 1997, p.32). O jornal resultou em um fator importante para a formação da modernidade política na Nova Espanha. Mesmo sem perceber, um novo tipo de sociedade começava a centrar-se no indivíduo que, distante da sua comunidade, podia expressar sua opinião fora dos meios oficiais.

Retomando a análise do prólogo, podemos concluir que, obviamente, essas admoestações não foram casuais. Se os jornalistas falassem sobre temas como a grandeza da pátria e do "amor patriótico" como seus principais objetivos, logicamente despertariam a suspeita das autoridades da Espanha e de toda uma corrente de opiniões contrárias, visto que o tema não era corriqueiro fora das instituições do vice-reino. Tal assunto somente poderia ser abordado pelo vice-rei e pelo órgão jornalístico responsável por divulgar os assuntos políticos referentes à Nova Espanha, *La Gaceta de México*.

Os editores, no entanto, tiveram que se ajustar aos princípios que o regime governante exigia da imprensa. Dada a forte religiosidade na colônia, publicaram avisos concernentes ao culto católico e assuntos relativos à sociedade. Os editores informavam sobre os progressos da ciência, da economia privada e doméstica, sobre leilões, ofereciam uma seção de anúncios particulares para compra e venda de objetos, outra de achados e perdidos, e até anúncios de solicitação de empregos (Cartwright, 2002).

Outra finalidade do periódico consistiu em facilitar o exercício de criação daqueles que começavam a escrever ensaios. Os "novos" autores enviavam seus textos para o jornal e aguardavam que eles fossem submetidos a uma avaliação dos redatores e que estes verificassem o progresso literário obtido pelos aspirantes, para que assim fossem publicados. Esse meio, segundo Cartwright (2002), fomentou o gosto pela leitura com artigos chamados de *varia lectura*, nos quais também estavam incluídas informações políticas da Europa.

Dizendo-se decididos em não contrariar as autoridades do vice-reino, e para demonstrar sua harmonia com elas, os editores do *Diario de México* transcreveram, em seu primeiro número, algumas linhas da autorização que receberam para a circulação do periódico, redigidas pelo fiscal Ambrosio Sagarzurieta, que os recordou de seu dever, como homens ilustrados da Nova Espanha, de contribuir para "moralizar e civilizar" a plebe. Eis aqui parte da autorização:

> Em uma cidade como esta, a principal do Reino, e na qual se confina um bom número de Letrados, dos mais hábeis Artesãos e de outras pessoas importantes, onde é tão conveniente a emulação para o fomento das Ciências, da Indústria, a Agricultura e o Comércio, e onde se adverte com dor na maior parte de seus habitantes um geral abandono, e desídia, causada talvez pelo pouco apreço que merecem os descobrimentos e progressos dos Professores, desde muito falta um projeto como este que produza tão bons frutos em todas as Nações, que inspire o gosto pela leitura, e proporcione um meio, o mais simples e fácil para comunicar suas ideias e adiantar suas faculdades, o que depois de uma tarefa e aplicação contínua, vê logrado seus desígnios pelo comum aplauso que merecem, é força não desanimar e que sirva a todos como estímulo para adiantar: igualmente se apura o discurso, se excita o amor à virtude, e tudo influencia para civilizar a plebe e reformar seus costumes. (cf. Castelán Rueda, 1997, p.32, tradução nossa)

Sobre a autorização concedida, Castelán Rueda (1997) observou dois pontos fundamentais, propostos tanto pelo fiscal como pelos editores do *Diario de México*. Primeiramente, ambos compartilhavam a convicção de "ilustrar a plebe", fomentando as leituras e transmitindo novas técnicas para o "desenvolvimento da indústria", ideias em voga entre os espanhóis ilustrados. O segundo ponto a ser destacado refere-se à concepção que tinham os editores sobre a capital do vice-reino, eles acreditavam que a cidade deveria ser considerada uma corte, o centro da sociedade do vice-reinado, e não somente a residência do vice-rei.[3]

O Diario de México também se prontificou a publicar todas as notícias que tratassem dos supremos tribunais, do desenvolvimento da ciência, da economia privada e doméstica, da literatura, entre outros assuntos, sempre dirigidas ao pobre e ao rico, ao pai de família, às mulheres e a todos que os estivessem interessados no "bem da sociedade". Ou seja, o novo jornal não se propôs inicialmente a questionar a situação política da Nova Espanha. Contudo, objetivou criar novos espaços de discussão social, dos quais poderiam surgir elementos capazes de provocar uma ruptura (ibidem, p.33).

O ilustrado da Nova Espanha, de acordo com Castelán Rueda (1997, p.36-7), para ser atendido e compreendido pela população a ilustrar, considerava necessário demonstrar sua superioridade intelectual. O latim e o conhecimento dos autores da moda na Europa eram referências obrigatórias na bagagem dos editores do *Diario de México*. Ou seja, era necessário, para os ilustrados de tempos em tempos, exibir seus conhecimentos, mostrando-se capazes de cumprir com a tarefa civilizadora e moralizadora a que se propuseram.

Os ilustrados da Nova Espanha se empenharam em constituir uma autoridade moral e intelectual, pois, como acreditavam que eram superiores, sentiam-se no direito de observar e corrigir os vícios, pregar contra as faltas que consideravam graves e dar receitas para viver bem,

---

3 A corte do vice-rei, ponto de reunião social da aristocracia colonial, era o lugar de onde procediam todas as ordens políticas ou administrativas que governavam a Nova Espanha – além das diretas de Madri – e produziram todos os símbolos que definiram essa sociedade: honra, prestígio, moral, etiqueta e tudo o que era relacionado ao bom comportamento (Castelán Rueda, 1997, p.32-3).

receitas essas que já eram experimentadas nos países europeus. Esses ilustrados julgavam, moralizavam e opinavam em todos os assuntos que consideravam de seu domínio intelectual e moral (ibidem, p.37). Por esse motivo, Carlos María de Bustamante, em seus artigos no *Diario de México*, insistia na ideia de "civilizar a plebe e reformar seus costumes". Esse obsessivo esforço moralizador levou-o a excessos verbais, que marcaram os principais traços no seu estilo, durante toda a sua vida.

Para sustentar com mais força seus argumentos, Bustamante recorreu à religião católica. Educado com base em fortes preceitos religiosos, fez de sua fé o ponto de partida de toda a sua obra como jornalista, historiador, editor e homem público.[4] Produto de um tempo em que os princípios religiosos estabeleciam as bases da sociedade, Bustamante mesclou a história, a técnica, a política e a literatura com os princípios da religião católica, utilizando-os para com eles cunhar seu estilo narrativo.

Desde seus primeiros artigos, escritos com o pseudônimo de El Melancólico,[5] Carlos María de Bustamante atribuiu-se à missão de moralizador. Alguns de seus textos, publicados nos primeiros anos de vida do *Diario de México*, representam uma mostra desse esforço de converter-se em guia moral de seus contemporâneos.

Em seu primeiro artigo, intitulado "Sobre el juego", publicado em 2 de outubro de 1805, Bustamante se preocupou em advertir sobre as desgraças que ocasionava o vício do jogo, estabelecendo uma metáfora que o descrevia como uma religião praticada por inimigos da cristã: a mesa de jogo fazia às vezes do altar, os jogadores eram os fiéis, e os mais experimentados, os sacerdotes do estranho culto. A principal mensagem desse texto de El Melancólico indicava que o jogo teria sido

---

4 Não podemos deixar de registrar que o próprio Bustamante (2002, p.12), em sua autobiografia, disse que foi criado com extremo vigor, e que sua casa parecia um convento, e nela se praticava o regime espartano.

5 Órfão de mãe aos 6 anos de idade, Bustamante adquiriu desde criança uma "profunda melancolia". Segundo confissão própria, esse sentimento o acompanhou por quase toda a vida. Acredita-se que foi provavelmente dessa lembrança de infância que se originou seu primeiro pseudônimo El Melancólico, com o qual iniciou sua trajetória como jornalista no *Diario de México* (García Cubas, 1896, p.460).

inventado por uma "ociosidade avarenta e astuta" e que as pessoas que jogavam empregavam os métodos mais detestáveis em seu benefício. Segundo essa concepção, essas pessoas não amavam um só deus, como verdadeiros cristãos, amavam, ao mesmo tempo, o deus dos jogos.[6]

No ensaio "Literatura", publicado em 19 de outubro do mesmo ano, Bustamante se mostrou preocupado com a memória histórica de seu reino, dedicado a buscar símbolos que reafirmassem a ideia de uma pátria gloriosa. Nosso autor percebeu a necessidade de render homenagem a seus grandes homens e a seus benfeitores, tivessem sido eles cientistas, arquitetos ou qualquer um que colaborara com o engrandecimento do reino. Foi justamente nesse período que começou a se esboçar a formação de um Bustamante inventor de símbolos e de panteões em honra à pátria,[7] e que se consolidou mais tarde a partir da obra *Cuadro histórico de la Revolución Mexicana*.

Como "bom católico", Bustamante, sob a alcunha de El Melancólico e ainda escrevendo artigos no *Diario de México*, propôs a criação de remédios contra os vícios provocados pelas condutas imorais que lastimavam a felicidade do reino e de seus habitantes. Seguindo a primeira intenção do *Diario de México*, o jornalista não ultrapassou, em seus artigos, os limites apresentados no prólogo do periódico – o de "moralizar e civilizar" a plebe.

O surgimento do primeiro jornal periódico do México foi um acontecimento político e cultural que contribuiu para a transformação da sociedade da Nova Espanha. A constante crítica aos problemas sociais conduziu à formação e à expressão de ideias políticas independentes, e não muito benquistas pelos prestigiosos do vice-reino americano. A produção desse jornal ajudou a compreender a dimensão que adqui-

---

6 As opiniões descritas por Bustamante foram características recorrentes em sua obra, pois, segundo afirmou, sempre que as sociedades iam por um mau caminho era porque os preceitos da religião não estavam sendo fielmente seguidos pelos homens (Castelán Rueda, 1997, p.39).

7 Bustamante tratou de eternizar a memória histórica da pátria transmitida por meio de placas comemorativas e monumentos, para despertar o amor patriótico em todos os habitantes do reino, desde o mais simples agricultor até o mais poderoso cavalheiro (Salado Álvarez, 1933, p.24).

riram, no transcorrer da luta pela independência, os debates sobre os problemas da sociedade e seus propósitos políticos.

A chegada das principais correntes de pensamento vigentes durante o Século das Luzes na América fez que a ilustração propiciasse a formação da filosofia aristocrática da sociedade americana, que encontrou, como veículo de expressão, a imprensa ilustrada. Segundo Timoteo Álvarez e Martínez Riaza (1992, p.38-9), a imprensa ilustrada foi o resultado da vontade de grupos *criollos* urbanos em expressar preocupações e contribuir para o conhecimento e a difusão das possibilidades da "pátria".

Com o estabelecimento do *Diario de México*, a primeira década do século XIX testemunhou o desenvolvimento do jornal diário e do jornalismo polêmico político (Ross, 1965, p.356). Dessa forma, a conjuntura da Nova Espanha no início do século XIX foi refletida em um periódico que pode ser considerado o elo entre o jornalismo ilustrado e o liberal.

A liberdade de imprensa e a opinião pública na Nova Espanha

A partir de 1808, descortinou-se uma grande crise hispânica e, com ela, o aumento de publicações. Seguindo o exemplo da metrópole, a Nova Espanha entrou no período do patriotismo vulnerado – sentimento de vazio pela falta do rei –, para depois adentrar na política moderna. O vazio do poder, provocado na metrópole pela prisão do rei da dinastia dos Bourbons e pela quebra da maioria das instituições tradicionais, teve, como consequência, o desaparecimento da maior parte das barreiras legais impostas até então à imprensa (Guerra, 2001, p.297). A existência de um novo público e de meios técnicos, que fizeram frente à demanda, unidos a uma maior liberdade de imprensa, provocou um crescimento considerável dos títulos publicados (ibidem, p.285).

As notícias sobre a invasão da Península Ibérica serviram para unificar a opinião pública hispano-americana, que, de maneira unânime, fechou-se ao redor da monarquia que perigava, mostrando oposição radical aos franceses. As gráficas trabalharam para elaborar proclamas patrióticas de adesão às lutas de resistência que se desenvolviam na Espanha. Os periódicos editados nesse momento, somados aos outros que com esse motivo surgiram, enalteceram as notícias sobre as vitórias contra Napoleão e incluíram mostras de lealdade ao rei Fernando VII, assim como listas de donativos, com os quais os americanos contribuíram materialmente para a causa (Timoteo Álvarez & Martínez Riaza, 1992, p.53).

Após as renúncias e prisões de Carlos IV e Fernando VII e a formação das *juntas provinciales*, foi instaurada a Junta Central de Sevilla, que, a partir de 25 de setembro de 1808, assumiu a soberania até a reinstalação monárquica. Segundo Timothy Anna, desde essa data até a sua dissolução em janeiro de 1810, a Junta Central de Sevilla teve dois objetivos: governar temporariamente e preparar a convocatória para as Cortes de Cádiz (Anna, 1987, p.68).

Em janeiro de 1809, um emissário foi enviado para a América com o intuito de obter declarações de lealdade a Fernando VII (Anna, 2001, p.80-1). No México, o movimento de 16 de setembro de 1810, encabeçado pelo padre Miguel Hidalgo y Costilla, catalisou as reivindicações camponesas em torno da ideia de "fidelidade ao rei Fernando VII". A revolta começou a florescer entre os anos de 1808 e 1810, por causa da deposição do vice-rei Iturrigaray, do desemprego dos trabalhadores mineiros e das secas que assolaram boa parte da colônia. Tais fatos levaram principalmente os habitantes da região do Bajío a ponderar sobre uma revolta. Essa manifestação esteve prevista para começar em outubro, mas, logo nos primeiros dias de setembro, já era de conhecimento das autoridades a ideia de uma insurreição (ibidem, p.84-5).

O padre Hidalgo, em sua casa em Dolores, ao saber da descoberta da conspiração, decidiu dar início à revolta imediatamente e, na manhã de 16 de setembro de 1810, proferiu o *"Grito de Dolores"* – *"¡Mexicanos, viva el México!, ¡Viva la Virgen de Guadalupe!, ¡Viva Fernando VII! y ¡Muera el mal gobierno!"* –, com o qual convocou os índios e os *mestizos* a se unirem em um levante que objetivou defender a religião, mudar o governo local, conquistar a liberdade dos habitantes da Nova Espanha, acabar com o tributo, entre outras atitudes de subserviência (Anna, 1987, p.82). Devemos salientar que, com tal grito, Hidalgo não propôs a separação entre a Nova Espanha e a metrópole, mas pretendeu que a população da colônia se levantasse contra as autoridades espanholas regionais e lutasse pela defesa da religião católica.

Logo quando foi possível, e à margem do marco legal da liberdade de imprensa, os insurgentes publicaram, na opinião de Stanley Robert Ross (1965, p.357-8), os periódicos mais radicais de todo o processo de independência. Padre Hidalgo, depois de ocupar a cidade de Guadalajara, fundou o primeiro periódico insurgente *El Despertador Americano*[8] em 20 de dezembro de 1810, que foi publicado até 17 de janeiro de 1811, quando o padre foi preso. O periódico teve como objetivo principal convencer o público mexicano e de todo o continente da justiça de seus propósitos. Os idealizadores do jornal buscaram seguidores para sua causa, combinando a informação sobre as vitórias de seu exército com a denúncia sobre a política espanhola (Timoteo Álvarez & Martínez Riaza, 1992, p.63).

Em outra região do país, o padre José María Morelos y Pavón também editou, a partir de 11 abril de 1811, um jornal com o nome de *El Ilustrador Nacional*, posteriormente intitulado *El Ilustrador Americano*, com frequência semanal. Em contrapartida, o governo do vice-reino rebateu a propaganda insurgente com as mesmas armas e, ao mesmo tempo que validava os redatores e leitores do periódico de Hidalgo, enaltecia o governo espanhol por meio de *La Gaceta de México*, na qual publicou a excomunhão contra os insurgentes. Segundo Guerra (2001), o discurso das publicações insurgentes não pôde ser entendido como um precoce liberalismo mexicano, mas como os agravos, os valores e as utopias de uma sociedade tradicional.[9]

---

8 Periódico no qual circularam amplamente as proclamações de Hidalgo referentes à abolição da escravidão e o sistema de castas, além da convocatória para a reunião de um Congresso nacional que regeria o vice-reino (Macías, 1969, p.15). Para mais detalhes sobre os sete números publicados, cf. http://www.antorcha.net/index/hemeroteca. Acesso em: 18 nov. 2005.

9 Constavam nessas publicações: 1) os agravos: a) aos índios, a usurpação das terras comunais e o tributo, b) aos mestiços, o tributo e as discriminações raciais, c) aos *criollos*, o direito prioritário aos cargos e empregos; 2) os valores: a lealdade ao rei prisioneiro, a defesa da religião contra os perigos da tolerância, o patrocínio da Virgem de Guadalupe; 3) os temores: a chegada dos franceses e sua impiedade, a

Depois de várias sessões de debates, as Cortes de Cádiz obtiveram, como resultado final, a Constituição de 1812.¹⁰ A nova Constituição outorgou amplos poderes às Cortes, sendo a monarquia constitucional a forma de governo escolhida. O governo ficou dividido em três poderes e os súditos se converteram em cidadãos, com uma representação em três níveis: *ayuntamientos constitucionales* (instituídos em toda população com mais de mil habitantes), *diputaciones provinciales* (sete para a Nova Espanha) e Cortes (Zoraida Vázquez, 2003, p.25).

As Cortes também proclamaram leis sobre as divisões de poderes, que reduziram o papel do rei ao Poder Executivo, sobre a faculdade de que tanto o rei como as Cortes podiam criar leis de forma conjunta, bem como a propósito da proclamação da soberania popular e do estabelecimento da paridade das colônias com a metrópole, no tocante à representação nas Cortes e distribuição de empregos administrativos (ibidem).

Além disso, a Carta aboliu a Inquisição, reconheceu a igualdade jurídica e a inviolabilidade de domicílio e concebeu direitos como as liberdades de imprensa e expressão, decretados em 10 de novembro de 1810, incorporados à Constituição de 1812, no título IX, correspondente à *Ilustracción Pública*.¹¹

Na opinião de Guerra (2001, p.313), a liberdade de imprensa concedida pelas Cortes de Cádiz iniciou o processo que rompeu certas estruturas do Antigo Regime na Espanha e serviu como marco do nascimento e desenvolvimento – desde então irreversível, apesar dos intervalos de censura – do jornalismo político no mundo hispânico. A liberdade de imprensa viria a se transformar, para a Nova Espanha, no grande meio

---

traição dos peninsulares que queriam entregar o reino a Napoleão; 4) as utopias: de um milenarismo cristão igualitário (Guerra, 2001, p.304-5).
10 Para ver na íntegra a Carta Magna aprovada pelas Cortes de Cádiz, cf. http://www.cervantesvirtual.com/portal/1812, acesso em: 1º abr. 2005; http://www.juridicas.unam.mx/infjur/leg/conshist/pdf/1812.pdf, acesso em: 10 jan. 2006.
11 O artigo sobre a liberdade de imprensa dizia: "Todos os espanhóis têm a liberdade de escrever, imprimir e publicar suas ideias políticas sem necessitar de licença, revisão ou aprovação alguma anterior à publicação, sob as restrições e responsabilidade que estabeleçam as leis" (Constituición Política de la Monarquía Española, 2005, 2006, tradução nossa).

de expressão insurgente. Por causa dessa nova condição, a imprensa no vice-reino esteve associada, desde o princípio, ao exercício das liberdades, ou seja, a concessão da liberdade de imprensa foi, sem dúvida, um meio de expressão capitalizado por setores minoritários, que o utilizaram como instrumento de comunicação e controle social (Gómez de Lara et al., 1997; Timoteo Álvarez & Martínez Riaza, 1992, p.59).

As autoridades do vice-reino, entretanto, impediram a aplicabilidade dessa lei na Nova Espanha. No dia 16 de janeiro de 1812, o representante mexicano nas Cortes, o deputado Miguel Ramos Arizpe, solicitou, em vão, que se ordenasse ao vice-rei a publicação do decreto estabelecendo a liberdade de imprensa no além-mar (Salado Álvarez, 1933, p.11). Contudo, na colônia, a Carta Magna fora enviada ao vice-rei Francisco Javier Venegas, em 6 de setembro de 1812, tendo este a ordem para publicá-la e estabelecê-la em todo o reino, o que foi feito a partir do dia 30 de setembro. A liberdade de imprensa na Nova Espanha somente foi instaurada pelo juramento à Constituição, que se deu em 5 de outubro de 1812.

O resultado essencial da liberdade de imprensa foi, principalmente, sua utilização como uma arma no interior das zonas realistas, controladas pelos, até então, partidários ocultos da insurgência (Guerra, 2001, p.313). Tal abertura fez que José Joaquín Fernández de Lizardi e Carlos María de Bustamante aproveitassem a "oportunidade" e publicassem o *Pensador Mexicano* e o *Juguetillo*, respectivamente. Pode-se dizer que, com essas publicações, abriu-se pela primeira vez na história da Nova Espanha um debate jornalístico que apresentou posições encontradas no que dizia respeito à revolução de independência (Ross, 1965, p.358).

Com certo retraimento, os jornalistas da época se expressaram sobre assuntos sociais, fazendo mais referências aos problemas políticos. Segundo Castelán Rueda (1997, p.55), sem a utilização aberta de conceitos políticos para sustentar um debate, os jornalistas recorriam à sátira, à crítica burlesca e chocante, que ridicularizava o que as autoridades apresentavam como politicamente sério.

Os autores de o *Pensador Mexicano* e *Juguetillo* procuraram evitar uma posição política diferente da aplicada pelo governo ou por seus panegíricos, mas, sem dúvida, expressavam opiniões críticas, contrárias às presentes em *La Gaceta de México* ou pelos escritos de apoio às posições anti-insurgentes, geralmente patrocinados pelos vice-reis Francisco Javier Venegas e, posteriormente, por Félix María Calleja del Rey (ibidem). Era difícil imaginar a possibilidade de opiniões divergentes entre os que defendiam as ideias de independência e os que optavam pelas ideias das autoridades do vice-reino, pois quem intercedesse pelas ideias insurgentes se expunha à imediata excomunhão e ao juízo civil que, na maioria das vezes, terminava com decreto à morte.

Além de não sabermos a data exata da primeira edição do *Juguetillo*,[12] os poucos números publicados sempre trouxeram assuntos que polemizaram contra o governo do vice-reinado. No primeiro, Bustamante (2005a) criticou, sobretudo, as ações do exército realista (comentando o que, para ele, foram fatos absurdos, ridículos ou enganosos), qualificando como protótipo de ingenuidade e tontices. Em sua autobiografia, *Hay tiempos de hablar y tiempos de callar*, Bustamante (2002, p.26, tradução nossa) relembrou a causa que o levou a escrever o *Juguetillo*:

> Levaram-me eficazmente a isso: as horríveis matanças que os comandantes do governo espanhol faziam com absoluta impunidade aos chamados insurgentes; o edito vândalo de 23 de junho de 1812 publicado por Venegas, que atacava a imunidade eclesiástica, prevenindo que se passasse pelas armas a todo sacerdote, pelo único fato de encontrar-se em suas filas ou acampamento; os não merecidos elogios que um bendito frei fez de Calleja fazendo-o superior a quantos generais houvessem existido no mundo, e, sobretudo, o alto desprezo com que eram tratados os mexicanos, pior que cachorros.

Na publicação do *Juguetillo*, Carlos María de Bustamante adotou como pseudônimo El Censor de Antequera, com o qual, pela primeira vez, criticou a dominação espanhola, sem, no entanto, adotar inteiramente a causa independente. No ano de 1808, com as notícias vindas

---

12 Salado Álvarez (1933, p.117) considerou que o periódico fora publicado quinzenalmente porque somente no terceiro número existe uma data, 27 de outubro de 1812, dia da censura do padre José Manuel Sartorio. Ver também Bustamante (2005c).

da Europa sobre a invasão de Napoleão ao reino espanhol, a ideia de independência política da Nova Espanha foi, para Bustamante, algo distante, sendo ele um grande defensor da união entre peninsulares, americanos e indígenas contra a França. No entanto, com a insurreição de 1810, caíram por terra todas as esperanças que o jornalista tanto defendera até o momento.

Bustamante, como a maioria dos *criollos*, resistiu em decidir por algum dos dois lados da guerra, temeroso com as autoridades vice-reinais, que prendiam quem lhes parecesse suspeito. O jornalista, contudo, escreveu uma carta ao vice-rei reiterando sua posição de defensor da Coroa. De acordo com Bustamante, os integrantes do Consulado de México[13] demonstraram em relação a ele uma atitude "pouco simpática", diante da sua expressão de lealdade à Coroa e da esperança da unidade entre *criollos* e espanhóis, tão difundidas e manifestadas na Nova Espanha. Com isso, o jornalista iniciou suas inimizades entre os espanhóis.

Foi a partir dessa ocasião que Bustamante, contrariamente ao que tinha pregado até então, manteve uma posição favorável às ideias de independência que o distanciaram da defesa da unidade de todos os membros da monarquia espanhola. Essa opinião ficou mais fortalecida após a morte do amigo e protetor Primo de Verdad, que fora acusado de ser contrário à Coroa espanhola. Mas foi em 1813, quando nomeado pelo padre Morelos para ocupar cargos no exército insurgente, que Bustamante assumiu de forma definitiva a causa insurgente.

Convencido a tentar investir contra as instituições espanholas, uma das maneiras escolhidas pelo jornalista foi criticar a universidade, já que esta era considerada a corporação mais sábia da Nova Espanha. Exatamente essa proposição fez que Alexander Humboldt escrevesse sobre a relevância de tão renomada instituição: "nenhuma cidade do

---

13 Grupo de comerciantes da Cidade do México, encabeçado por Gabriel de Yermo, que, secretamente, formou um batalhão denominado "Voluntários de Fernando VII", com o objetivo de pôr fim à "traição" do vice-rei e dos legisladores *criollos*. Em 15 de setembro de 1808, Yermo e seus seguidores invadiram o palácio do vice-rei José de Iturrigaray, decretaram a destituição deste e aprisionaram-no com a família.

novo continente, sem exceção aos Estados Unidos, possui estabelecimentos científicos tão grandes e sólidos como os da capital do México" (apud Guerra, 2001, p.277, tradução nossa). Bustamante assegurou que as instituições oficiais deveriam utilizar o *castellano* como única língua para comunicar-se com o público e que deveriam fazer uso do latim nos claustros.

Na edição de número dois do *Juguetillo*, Bustamante perpetrou críticas a outro autor, a quem ele não se refere nominalmente e que era a favor ao ataque à comunidade eclesiástica, realizado pelo marechal Félix Calleja. Mesmo sem ser um "insurgente ativo" e também sem se identificar com a forma que o marechal Calleja conduzia a guerra, aproveitou-se de um escrito em defesa de Calleja para criticar as campanhas conduzidas contra os insurgentes e a maneira como outros autores se referiam a elas (Salado Ávarez, 1933, p.118-9).[14]

No *Juguetillo* de número três, Bustamante defendeu a imunidade do clero, em razão dos atentados que, contra os sacerdotes seculares, cometiam os vice-reis. De acordo com nosso autor, o vice-rei Venegas cometeu um erro ao converter o clero em tema central de um conflito que não se relacionava com a dignidade eclesiástica. Para comprovar que essa ideia de perseguição ao clero era compartilhada pelos vice-reis (Venegas e, posteriormente, Calleja), reproduziremos parte da carta na qual o vice-rei Calleja descreve ao seu ministro da Justiça sua opinião quanto à conivência clerical, sobre a qual:

[...] o povo [...] escutou sem parar os comentários daqueles escritos [...] e se encharcou das ideias que se lhes quiseram inspirar [...] [Lhes fizeram acreditar] que alguma resolução atentava contra a pureza da religião e os direitos da Igreja, segundo se estampou nos impressos daqueles dias [...] difundidas estas espécies na multidão, canonizadas para ela com a autoridade de um amor ou apologista eclesiástico e com a validação da imprensa, causaram um crescimento impronunciável na indisposição dos espíritos [...]. (apud Guerra, 2001, p.315, tradução nossa)

---

14 Para mais detalhes, ver Bustamante (2005b).

Bustamante se empenhou em demonstrar que os sacerdotes não deixavam de sê-los por encontrarem-se no campo insurgente e se opôs à divisão que as autoridades vice-reinais propuseram, secionando-os entre sacerdotes bons e maus, uma vez que os únicos capazes de discernir a esse respeito seriam as autoridades eclesiásticas. O jornalista afirmou ainda que um sacerdote encontrado nas filas insurgentes ou feito prisioneiro não deveria ser morto, como pretendiam os espanhóis (Castelán Rueda, 1997, p.75-6).[15]

Na quarta edição de *Juguetillo*, que teve como título "*Palabra y perdones al autor de Juguetes contra el Juguetillo*" – o mais extenso de todos –, Bustamante polemizou com a Señorita Americana, procurando saber quem era o autor que se utilizara do pseudônimo feminino para criticar os seus escritos. O mesmo número ainda foi concluído com diversas indagações do autor a respeito da liberdade de imprensa. Nessas "dúvidas", como Bustamante as chamou, seis pontos foram levantados, com destaque para: 1. se a liberdade de imprensa estava sujeita à igualdade judicial; 2. se o partidário do governo poderia chamar ao seu contrário de traidor, insurgente, sedicioso, rebelde e mau espanhol; 5. se, na junta de censura, se encontravam as autoridades que negaram a restituição dos privilégios aos senhores eclesiásticos.[16]

A quinta edição foi inteiramente dedicada a enaltecer o amigo Francisco Primo de Verdad y Ramos, morto na prisão em consequência do Golpe de Yermo.[17] Foi justamente no momento em que os jornalistas gozaram da liberdade de imprensa que Bustamante acreditou apropriado cumprir com o juramento feito ante o cadáver

---

15 Sobre outras informações, ver Bustamante (2005c).
16 Para mais detalhes desse exemplar, ver Bustamante (2005d).
17 As notícias vindas da metrópole, sobre a invasão francesa, fizeram que o frei Melchior Talamantes, juntamente com Juan Francisco Azcárate e Francisco Primo de Verdad, apresentasse ao vice-rei Iturrigaray um projeto de *Ayuntamiento*, que propunha a formação de uma Junta Nacional que governasse e guardasse a soberania do rei Fernando VII. O governo provisório seria dirigido pelo próprio vice-rei. No entanto, a reação dos espanhóis não se fez esperar, e um grupo de comerciantes liderados pelo fazendeiro espanhol Gabriel de Yermo deflagrou um golpe de Estado no dia 15 de setembro de 1808, prendendo e destituindo o vice-rei, juntamente com dois dos membros mais influentes do *Ayuntamiento* (Anna, 2001, p.81).

de Primo de Verdad, ao mesmo tempo que se impôs a missão de ser o "transmissor às idades futuras" dos fatos dignos de perpetuar-se na memória americana. Eis as palavras proferidas por Bustamante, em seu periódico, sobre o juramento e sua missão:

> Eu jurei sobre seu cadáver na prisão deste Arcebispado onde morreu pela manhã de 4 de outubro de 1808, que faria ver à posteridade sua inocência, sua candura e, sobretudo sua lealdade, aquela lealdade última palavra que lhe escutou balbuciar para perder a fala e expirar... Sim amado meu, sim querido benfeitor, sim alicerce de minha casa e família, eu jurei transmitir teu nome em honra das gerações futuras, eu te digo em excesso de dor e banhado em lágrimas, como morreste tu que poderia ser a inveja dos Gracos e Phocion, tu, cuja grande alma bastaria para honrar a uma nação? ... Bendito seja o céu porque ocuparei o dever que me impõem as leis de honra e do reconhecimento! Americanos, encheis-vos igualmente de obrigações da caridade que lhe impõe a religião e os conterrâneos, socorrendo generosos a sua família desventurada, que geme sob o peso da orfandade e miséria [...] (apud Castelán Rueda, 1997, p.83, tradução nossa)

A intenção de Bustamante ao relembrar Primo de Verdad foi muito clara. A função do autor foi um dever imposto pelas leis de honra e de reconhecimento à transmissão dos fatos importantes, o que serviria para perpetuá-los. O herói político Primo de Verdad apareceu nos escritos de Bustamante como um homem de planos, com uma ampla visão de futuro, cujas ideias foram incompreendidas em um período em que, na opinião de Bustamante, predominava a "ignorância".

Retornando ao *Juguetillo*, no sexto número do periódico, pelo motivo do aniversário de Venegas no dia 3 de dezembro de 1812, Bustamante se reportou ao vice-rei com um extenso artigo, cujo título foi "El Censor de Antequera al Excmo. Sr. Virrey desea toda felicidad y le suplica reciba benignamente la siguiente expresión". Nesse número, Bustamante dirigiu-se ao vice-rei "com a confiança de um filho rendido a seu pai", para solicitar "o exercício e pontual cumprimento da Constituição que se acabara de jurar", solicitando a extinção definitiva da Junta de Segurança y Policía, que atentava contra as garantias aos cidadãos estabelecidas no código constitucional (Gaytán & Aguilar, 2004, p.1-8).

Juntamente com Bustamante, Fernández de Lizardi, autor do *Pensador Mexicano* – que em seu periódico combateu as marcas da sociedade colonial, a discriminação na concessão de postos públicos e o sistema educativo (Timoteo Álvarez & Martínez Riaza, 1992, p.63-4) –, aproveitou o ensejo do aniversário do vice-rei e solicitou a Venegas a revogação da proclamação pública de 3 de julho de 1812, que deu ingerência aos comandantes militares para julgar os clérigos insurgentes. O resultado dessa petição foi a ordem de apreensão para ambos os jornalistas e a suspensão imediata da liberdade de imprensa. Percebendo a rigidez dos atos do vice-rei, que resultaram na prisão do amigo e escritor Fernández de Lizardi, Bustamante resolveu refugiar-se em Tacubaya, juntando-se a filas insurgentes.

A partir da concessão da liberdade de imprensa por intermédio das Cortes de Cádiz, até a supressão do direito de se expressar livremente, a Nova Espanha vivenciou o nascimento da "opinião pública". Segundo Guerra (2001, p.302), foi uma das expressões-chave da política moderna, pois invadira rapidamente o discurso patriótico. Essa opinião pública revelou um processo de integração muito lento entre as formas arcaicas e modernas de sociabilidade dentro da Nova Espanha (Castelán Rueda, 1997, p.62).

Carlos María de Bustamante e a "propagação" do movimento insurgente

A supressão da liberdade de imprensa, em julho de 1812, pelo vice-rei Venegas, fez que Bustamante fugisse para Zacatlán, dirigindo-se para Oaxaca – sua cidade natal –, onde se encontravam os exércitos insurgentes, comandados pelo padre José María Morelos, que o nomeou com o grau de brigadeiro e inspetor-geral de cavalaria. No dia de sua chegada, 24 de maio de 1813, o jornalista se incorporou à redação do *Correo Americano del Sur*.[18] De acordo com Krause (2005),

---

18 A primeira participação de Bustamante foi uma missiva escrita durante sua viagem até Oaxaca, endereçada a Morelos, a qual este mandou publicar no *Correo*

ao se incorporar ao jornal, Bustamante adotou um tom "abertamente profético". Krause (2005) destaca os contínuos paralelismos traçados por Bustamante entre o povo de Israel e o mexicano, tal como vemos nesta passagem:

> Olhais, americanos, quem são os vossos irmãos delinquentes, que trabalham como israelitas no Egito dia e noite, nas canas e pousios para engrossar a fortuna deste novo faraó; mas consolai-vos, irmãos meus, com que o céu vos suscitou um Moisés e um Josué para tirar-vos de tão ofensivo cativeiro; vós vereis desaparecer seus exércitos... lhe digo confiado na justiça de Deus. (tradução nossa)

O *Correo Americano del Sur* começou a ser publicado no dia 25 de fevereiro de 1813, sob a direção de José Manuel Herrera, cargo ocupado posteriormente por Bustamante. Considerado o órgão de imprensa mais importante com que contaram os insurgentes, o periódico teve como principal objetivo narrar e "propagar" os fatos relacionados com as expedições militares, e transcrever as ações – consideradas gloriosas – de um exército nacional bem disciplinado, comandado pelo padre José María Morelos. O jornal procurou também contrapor a imagem de bandoleiros, ladrões de galinhas e ímpios, atribuída pelo governo do vice-reino aos insurgentes, com uma imagem de um governo legitimamente constituído, que representava os verdadeiros interesses da nação que se pretendia construir.[19]

Não pretendemos fazer uma análise minuciosa do *Correo Americano del Sur*, mas podemos perceber que sua linha de argumentação foi marcadamente contrária ao governo espanhol no vice-reino, além de assinalar as Cortes de Cádiz como um governo espúrio, ilegítimo e antirreligioso. A posição antiespanhola adotada por Bustamante se fundamentava em suas críticas aos espanhóis, por ele considerados irreligiosos. Segundo Bustamante, o governo espanhol cometia in-

---

Americano del Sur. Nessa carta, Bustamante ressaltou a sua eleição pelo "povo do México" como representante da paróquia de San Miguel, juntamente com o padre José Manuel Sartorio (Salado Álvarez, 1933, p.123-37).
19 Para mais detalhes, ver *Correo Americano del Sur* (2005).

frações à moral – adultério, roubo e interesse pessoal, entre outros –, além da falta de patriotismo.

Essa privação de patriotismo, para Bustamante, significou o desrespeito ao rei Fernando VII, que foi evidenciado na criação de uma junta capaz de se entender com os franceses e na organização de instituições parecidas aos destes. De acordo com Bustamante, tudo isso ocorreu por ódio e temor aos americanos, já que os peninsulares não os reconheciam nem os reconheceram como iguais; por esse motivo, em sua opinião, os espanhóis lutavam com extrema maldade nos conflitos.

Para compor os artigos do jornal, as principais fontes de informação eram antigas edições de outros periódicos insurgentes já editados, tais como o *Ilustrador Americano* e o *Semanario Patriótico*. Além do interesse na difusão das ideias insurgentes, o motivo que levou, primeiramente, José Manuel Herrera e, posteriormente, Bustamante a publicarem os artigos dos dois jornais outrora editados foi o bom aproveitamento das ideias propagadas pelos redatores dos tais periódicos.

Nas páginas do *Correo Americano del Sur*, a insurreição fora apontada como um mal necessário, útil para evitar a irreligiosidade – na visão dos insurgentes – e para combater a influência francesa nas autoridades da Nova Espanha. Outro traço marcante na publicação refere-se aos escritos que demonstravam a "religiosidade" e o "patriotismo" dos americanos nas regiões já libertadas. De acordo com Castelán Rueda (1997, p.93), os autores dos artigos do periódico insurgente tiveram forte necessidade de comunhão entre as imagens das autoridades civis, militares e religiosas e o povo, já que havia uma religião e uma nação para celebrarem e uma vez que seus símbolos eram a Suprema Junta Nacional e a Virgem de Guadalupe.

A atuação de Bustamante no *Correo Americano del Sur* foi um divisor de águas na vida do jornalista, posto que nosso autor resolveu participar da guerra, lutando ao lado dos insurgentes no exército de Morelos. O contato com o padre possibilitou a formação do antiespanholismo *criollo*, que o levou a identificar a gênese da guerra de independência.

A partir do número XIX do *Correo Americano del Sur*, Bustamante passou a escrever com mais frequência no jornal, e suas palavras indicam uma dupla preocupação. Primeiramente, legitimar-se perante seus interlocutores – os insurgentes que declararam guerra aos espanhóis –, esclarecendo o porquê de sua demora para aliar-se a eles. Posteriormente, sua preocupação era dirigir-se aos espanhóis para explicar-lhes a difícil decisão de romper com seus iguais, ainda que mantivesse a preocupação de seguir como um "homem de bem" (ibidem, p.102).[20] Bustamante não endereçava suas palavras para um grupo ou outro, pois entendia que era o protagonista de uma etapa importantíssima na história da Nova Espanha. Em alguns escritos, nota-se que se dirigia ao seu irmão, a Morelos ou a outro interlocutor, e empregava uma linguagem doutrinal, orientada não somente aos seus contemporâneos, mas também à posteridade. De acordo com Castelán Rueda (1997, p.102), essa preocupação por passar à história, essa segurança de ser parte importante de um processo histórico de grandes magnitudes, Bustamante viria a conservar durante toda sua vida e iria introduzi-la não só na prática da narração histórica, mas também na redação da sua autobiografia e de seu diário pessoal.

Em sua participação no *Correo Americano del Sur*, Bustamante projetou os temas que seriam o escopo de sua atividade política: a defesa da religião católica e de uma prática da fé. De acordo com Alicia Hernández Chávez (2000), o jornalista escolheu, como cerne da sua atividade, esses temas porque a "impiedade" dos espanhóis foi relacionada, pouco a pouco, com as atitudes contrárias a uma pátria religiosa. Na concepção de Bustamante, ao atribuir o poder sobre os elementos e valores do culto cristão, o governo do vice-reino pretendeu despojar os americanos de sua religiosidade.

Entre 1812 e 1820, período no qual houve um consenso entre os mexicanos em relação ao direito de governar por uma Constituição formulada e aprovada por eles mesmos, solidificou-se também a definição da religião católica como a religião de Estado; esta se consolidou por convir o bem e a concórdia da unidade de sentimentos religiosos, assim como a unidade de sentimentos políticos (ibidem).

---

20 O homem de bem, em outras palavras, era um crente católico, dotado de forte sentimento de honra e moral e de suficientes meios financeiros para manter certo estilo de vida (Costeloe, 2000, p.35).

Contudo, para alcançar os objetivos propostos no *Correo Americano del Sur*, Bustamante denunciou as impiedades do governo do vice-reino espanhol, acreditando que este tivesse sido influenciado por ideias estranhas, alheias aos princípios mais elementares da religião católica. Os editores do *Correo Americano del Sur* concordavam que as maiores provas do anticlericalismo dos espanhóis eram as perseguições aos sacerdotes insurgentes e a impiedade com que os exércitos do vice-reino saqueavam os templos.

Bustamante teve ciência disso, e boa parte de seu discurso como integrante do *Correo Americano del Sur* pautou-se por afrontar o binômio religiosidade americana e irreligiosidade espanhola, fazendo da inviolabilidade da condição eclesiástica uma bandeira. Dessa forma, nosso autor acreditou que daria forma e força a uma identidade americana profundamente religiosa, já que ele se pautava no discurso religioso para fomentar a guerra de independência.

Com o transcorrer da disputa, Bustamante, por meio das páginas do *Correo Americano del Sur* (5.8.1813, p.187), transformou padre Morelos na figura do herói libertador e herói legislador, que, em sua opinião, teria sido enviado pelo "céu" para a glória da América. Bustamante ainda responsabilizou o governo espanhol e os espanhóis enraizados no México pelo atraso em que viviam os americanos no que se referia aos assuntos políticos, além de buscar referências para mostrar aos leitores o esforço dos insurgentes para conseguir um governo representativo para os americanos (ibidem, p.187-8).

Em um dos últimos artigos no *Correo Americano del Sur*, datado de 15 de abril de 1813 e publicado em 13 de outubro, Bustamante sublinhou a importância do *Ayuntamiento* da Cidade do México, que, para ele, representava os direitos do povo americano. Nesse artigo, nosso autor objetivou persuadir os *criollos* da improbabilidade de permanecerem lutando contra os espanhóis, elevando o caráter do homem americano e seu convencimento como "paixão declarada" da legitimidade dos seus direitos. Demonstrou também os sinais da queda do governo espanhol, relacionados à economia, assinalando que as ações dos insurgentes provocaram nos espanhóis situações de miséria econômica. Eis a passagem do artigo:

Não está tal governo em situação de obrigar-se a fazer, nem ainda por um sonho atraente, uma reconquista com forças superiores vindas da Espanha, porque estás, ou estão destruídas totalmente, ou se existem algumas, não podem acudir a seu socorro por falta de tesouros que custeiem caras expedições. (*Correo Americano del Sur*, 13.10.1813, p.261, tradução nossa)

Em contraponto à miséria dos espanhóis, Bustamante certificou-se de que o exército insurgente estava em uma situação vantajosa, provando que estes eram competentes para se governarem. Para comprovar essa ideia, nosso autor mencionou o exemplo da província de Oaxaca, que instituíra um governo comandado por Morelos, o qual, contando com bravos soldados e excelentes oficiais, conseguiu eliminar os inimigos (*Correo Americano del Sur*, 13.10.1813, p.262).

Bustamante, contudo, aconselhou que o *Ayuntamiento* da Cidade do México fosse o condutor do vice-reino, como seu principal corpo representativo, para que esse conduzisse a uma reconciliação e colocasse um ponto final na guerra (ibidem, p.265). Na opinião de Castelán Rueda (1997, p.133-4), Bustamante faz uma clara referência à política do Antigo Regime, na qual todas as formas de representação política antigas ocupam um lugar e têm um significado no debate. Com isso, Bustamante não estava propondo novas formas de governo nem instituições diferentes, ele acreditava que a Nova Espanha poderia seguir sendo governada pelas mesmas corporações e adotando as mesmas "ordens antigas", ou seja, estaria buscando resgatar a força dos atores tradicionais, as corporações do vice-reino e especialmente o *Ayuntamiento*.

Antes da instalação do Congresso de Chilpancingo[21] – convocado por Morelos no dia 13 de setembro de 1813 e que o ratificara como comandante do Exército e do Executivo –, Carlos María de Bustamante foi designado deputado, representando a província do Estado do México, o que lhe permitiu mudar da carreira das armas para a de legislador.

---

21 Congresso considerado o primeiro de cunho independente, substituiu a Junta de Zitacuaro, e, pela primeira vez em um documento escrito, falou-se de uma total independência da Espanha. A verdadeira tarefa do Congresso foi constituir algum tipo de governo formal que pudesse solicitar às potências estrangeiras um possível reconhecimento (Villoro, 2002, p.513; Anna, 2001, p.89-90).

Bustamante, entretanto, não abandonou a luta insurgente e, para mostrar que não desistira da peleja, atendeu a dois pedidos de Morelos. O primeiro consistiu na redação do discurso de abertura do Congresso de Anáhuac – ainda que, em momento algum, indique a autoria do documento – e o segundo foi a colaboração de Bustamante para elaborar a ata de declaração de independência, a Constituição de Apatzingán.[22]

Por fim, a última participação de Bustamante no *Correo Americano del Sur* foi em uma edição extraordinária, publicada em 28 de dezembro de 1813, na qual ele descreveu as festas em honra a Virgem de Guadalupe na cidade de Oaxaca, destacando os valores pertencentes a uma nação que comemorava a aparição "da protetora e da generala das sempre triunfantes armas da América" (*Correo Extraordinario del Sur*, 28.12.1813).

Nesse último número, Bustamante incorporou os mitos fundadores que remetem a uma sociedade idílica: por um lado, o "império do México", com seus dias tranquilos, que se perdem "na venerável antiguidade", e, por outro, uma sociedade religiosa, guadalupana, justa, unida por meio do culto à Virgem de Guadalupe, "que só pode proteger a causa da nação, por ser justa e justíssima, porque a ela interessam a religião católica e a pureza e santidade de seus dogmas" (ibidem).

Dessa forma, com a exposição da comemoração religiosa em homenagem à Virgem de Guadalupe, foi que Carlos María de Bustamante encerrou a sua passagem pelo *Correo Americano del Sur*, pondo término à existência desse fundamental periódico insurgente. Assim sendo, no

---

22 Resultante do Congresso de Anáhuac, celebrado em Chilpancingo, o documento apresentou a estrutura organizativa dos Poderes Legislativo, Executivo e Judiciário. A essa lei estiveram integrados artigos que versaram sobre a independência do México. Alguns de seus postulados básicos foram: reconhecimento à religião católica, apostólica e romana, soberania popular, igualdade perante a lei, respeito à liberdade e aos direitos individuais e inviolabilidade do comércio. Contemplava uma República central, com um Poder Executivo depositado em um triunvirato que governaria de forma colegiada, um Congresso formado por dezessete deputados e uma Corte ou Tribunal de Justiça. A administração do país estabelecia três secretarias: da Guerra, da Fazenda e do Governo (Torre Villar, 2003, p.33-63; Macías, 1971, p.511-21; Decreto Constitucional..., 2006).

capítulo seguinte, trataremos sobre como se deu o fim da colaboração do autor no movimento de luta contra os espanhóis e de que forma Bustamante participou da história do México, depois de alcançada a independência.

2
CARLOS MARÍA DE BUSTAMANTE A PARTIR DA MORTE DE JOSÉ MARÍA MORELOS Y PAVÓN

Os "escritos prisioneiros" e os antecedentes da independência mexicana

Neste capítulo, abordaremos a postura resignada de Bustamante em relação à independência, concretizada com a redação de um de seus textos endereçados ao rei Fernando VII. Trataremos ainda da retomada, pelo autor, da opinião favorável ao movimento independente e, a partir da consolidação deste, da atuação de Bustamante nos acontecimentos decorrentes no México, até o final da década de 1840.

No final de 1813, os exércitos do padre José María Morelos foram derrotados em Valladolid. Em dezembro de 1815, os insurgentes sofreram mais algumas derrotas, que derivaram de prisão, condenação à morte e posterior fuzilamento de Morelos, bem como da desintegração do Congresso de Chilpancingo, instalado em Zacatlán. O resultado dessas ações foi a submissão de todo o país ao governo da Espanha. Segundo Timothy Anna (1987, p.202), a desintegração do movimento provocou a desunião no seio dos rebeldes e reduziu, praticamente a nada, as ações dos diminutos grupos de insurgentes.

No transcorrer de um período de mais de catorze meses – de dezembro de 1815 a março de 1817 –, Bustamante, juntamente com outros insurgentes, viveu sem uma liderança precisa, tomando conhecimento das frequentes perdas que foram arrebatando o que restara dos exércitos insurgentes. Em princípios de 1817, sobraram somente os exércitos liderados por Guadalupe Victoria,[1] em Veracruz, e Vicente Guerrero,[2] nas montanhas do sul, que ainda lutavam contra a Coroa espanhola. Com outros rebeldes, Bustamante vivia uma situação particular e complicada, temendo cair, a qualquer momento, nas mãos dos exércitos realistas. Diante das circunstâncias, Bustamante decidiu se entregar, aceitando a anistia oferecida pelo vice-rei Juan Ruiz de Apodaca, no ano de 1817. Sobre esse episódio, Bustamante (2002, p.42, tradução nossa) escreveu:

> Estava eu então no centro de três divisões inimigas [...]. Não tinha dinheiro algum, minha esposa doente, as cavalarias estavam destruídas, pois as boas me roubaram os meus criados no povoado de Alcomunga. Tão pouco tinha um asilo num país desconhecido e os negros procuravam congraçar com o governo de Veracruz entregando quantos insurgentes podiam haver em suas mãos. Tal era minha difícil situação em 8 de março de 1817, em que empreendi entregar-me ao governo espanhol, como o executei no destacamento do Plan del Río. Seu comandante me recebeu bem e procurou suavizar a amargura e vergonha que rebuçava em meu semblante; acreditei que iria morrer ao apresentar-lhe minha espada, e não desejo ao meu maior inimigo que sofra igual pena se este tiver honra.

Conduzido à prisão em Veracruz, Bustamante arquitetou meios de emigrar para os Estados Unidos. Logrando sua fuga, embarcou em

---

1 Guadalupe Victoria (1786-1843), militar e político mexicano, estudou as leis e lutou no exército insurgente, sob as ordens de José María Morelos y Pavón. Primeiro presidente da República mexicana (1824-1829), decretou a abolição da escravidão e a expulsão dos espanhóis, consolidando as relações internacionais, sobretudo com a Grã-Bretanha, os Estados Unidos, a América Central e a *Gran Colombia* de Simón Bolívar. Informações disponíveis em: http://www.elbalero.gob.mx/historia/html/gober/gober.html e http://usuarios.lycos.es/Aime/gobernantes.html. Acesso em: 26 jul. 2005.

2 Vicente Guerrero (1782-1831), militar e político mexicano, lutou a favor da independência, sendo comandado, primeiramente, pelo padre Morelos, até chegar ao comando dos exércitos do sul. Consumada a independência, lutou contra Agustín de Iturbide e tornou-se presidente do México em 1829. Informações disponíveis em: http://www.elbalero.gob.mx/historia/html/gober/gober.html e http://usuarios.lycos.es/Aime/gobernantes.html. Acesso em: 26 jul. 2005.

meados de agosto de 1817, mas foi descoberto. Ao ser conduzido para o exterior da embarcação e revistado, o autor entregou a uns marinheiros ingleses alguns escritos – os cinco cadernos que sua esposa havia amarrado a seu corpo –, nos quais contava a história que documentara enquanto participava dos conflitos pela independência do México.

Em sua autobiografia, Bustamante conta que, ao ver seus papéis confiscados e escondidos, pensou: "Andai velhacos, que já os levais, agora saberá a Europa originalmente vossas maldades, e eu já terei conseguido uma parte dos meus desejos" (Salado Álvarez, 1933, p.192, tradução nossa). Esses cadernos, mais tarde, lhe seriam devolvidos e viriam a ser conhecidos e publicados sob o nome de *Cuadro histórico de la Revolución Mexicana*, considerada uma das principais obras do autor.

Após esse incidente, Bustamante permaneceu preso por treze meses nas masmorras da fortaleza de San Juan de Ulúa. Na prisão, pouco tempo depois, o autor iniciou a redação de mais uma de suas obras, que foi apresentada na forma de dois opúsculos com o título *El indio mexicano o Avisos al Rey Fernando Séptimo para la pacificación de la América Septentrional*, o primeiro redigido em 1817 e o segundo em 1818.

A obra, que foi publicada postumamente, teve como objetivo analisar a relação do rei Fernando VII com os índios da "Nação Americana" e a pontuação de melhorias para um bom governo para a Nova Espanha. Além disso, os *Avisos* apresentaram um ilustrado que reconhecia a autoridade suprema do rei e a resignação da sua postura a favor da independência. Esse reconhecimento ocorreu a partir da ocasião em que Bustamante se rendeu aos espanhóis, dando a guerra por concluída (Castelán Rueda, 1997, p.166). Eis como Bustamante se reportou ao rei:

> Ao Senhor Rei: O regresso de Vossa Majestade ao trono de seus pais me fez acreditar que formado na escola da adversidade e experiência por um duro cativeiro, veio tomar as rédeas da administração animado dos mais vivos desejos de fazer feliz a alguns povoados, que ainda que distantes de Solio, choravam vossas desgraças, lhe ofereceram seus filhos, franquearam seus tesouros, e haviam tomado satisfatoriamente vossas cadeias, e exalado seu último suspiro em troca de ver a Vossa Majestade livre, e elevado de seu coração o peso de tão indigno pesadelo. Por tanto

ofereço, agradavelmente a Vossa Majestade estes apontamentos que redigi, para que aquietada a Nação Americana (de que tenho orgulho em ser filho) da sangrenta revolução que a aflige, possa Vossa Majestade pela execução deles restituir a paz necessária. Deus guarde a Vossa Majestade muitos anos. (Castelán Rueda, 1997, p.167, tradução nossa)

O desejo de ver terminada a disputa, para Bustamante, não se justificava apenas pelo anseio de pôr fim às disputas armadas, mas também em estabelecer novas formas de governo, administração judicial, ilustração e comércio, que permitiriam erradicar a origem dos males provocados pelos conflitos armados contra os habitantes do vice-reino (ibidem, p.148).

Para Castelán Rueda (1997), Bustamante construiu essa visão da realidade da Nova Espanha com a sua passagem pelos exércitos de Morelos. Pode-se dizer que à sua condição de ilustrado, adotada nos primeiros anos no *Diario de México*, a guerra agregou um conhecimento mais duro, de uma realidade que até o momento lhe era alheia.

Nesses escritos, Bustamante reuniu o conhecimento do sistema jurídico da Nova Espanha com sua experiência sobre a desigualdade jurídica e social em todo o território do vice-reino. Em ambos os textos, o autor sugeriu propostas para impedir a repetição de conjunturas como as que resultaram no Golpe de Yermo, em setembro de 1808, que terminaram com a representação do *Ayuntamiento* e a destituição do vice-rei Iturrigaray. De uma forma ou outra, na obra *El indio mexicano...*, estão presentes as inquietações expressas por Bustamante quando esteve preso, salvo a demanda de independência política, a qual somente foi manifestada durante sua participação direta nas filas dos insurgentes (ibidem, p.148-9).

Bustamante, no entanto, tentou retornar à sua antiga posição de intelectual, propondo revisar e reformar parte das *Leyes de las Indias* e as principais práticas administrativas do vice-reino. Percebe-se, dessa forma, que, nesse momento, desapareceu das páginas do autor a ideia de ruptura política com a Espanha, ainda que persistisse a ideia de conciliar interesses. De acordo com Castelán Rueda (1997, p.149), a vontade de harmonizar de Bustamante o levou a propor um ponto final entre as discórdias que floresceram no decorrer da guerra e considerar que os males que a provocaram não estiveram nos peninsulares, mas em uma série de leis antiquadas e inoperantes.

No primeiro opúsculo, Bustamante fez alusões gerais e desordenadas ao que ele considerou as principais causas de descontentamento e desigualdade na "América mexicana" e propôs reformas práticas, que não chegaram a modificar substancialmente a estrutura jurídica do vice-reinado. Tais reformas, propostas como necessárias para um melhor governo, e que tencionavam aliviar alguns problemas que enfrentavam a população da Nova Espanha, também foram acompanhadas de grandes reflexões, sustentadas em sua experiência jurídica, constantemente invocada, e no conhecimento adquirido por meio de sua atividade insurgente.

O outro opúsculo foi um aporte à "administração da justiça", empresa que Bustamante considerou "superior a seus talentos", além de consistir em uma reforma aos artigos das *Leyes de las Indias*, diretamente ligados aos problemas formulados no primeiro opúsculo. Ambos os opúsculos foram apresentados como duas partes complementares de um mesmo corpo de ideias, com intenção de formular as causas e as consequências dos problemas, e, logo, suas possíveis soluções jurídicas. No entanto, as reflexões, os diferentes argumentos e as possíveis soluções se misturaram, tornando repetitivos alguns pontos e deixando outros somente esboçados (ibidem).

Libertado após pagamento de fiança, em 1819, Bustamante se estabeleceu na cidade de Veracruz, exercendo sua primeira formação, a advocacia, por meio da qual conseguiu êxitos econômicos, além de, em muitas ocasiões, assessorar o governador D'Ávila (Lopéz Betancourt, 1977, p.21). No ano de 1820, quando a Constituição de Cádiz voltou a vigorar, Bustamante foi beneficiado pela anistia concedida pelas Cortes.

Com o juramento da Constituição, ocorreu o retorno da liberdade de imprensa – oito anos depois de ser suprimida pelo vice-rei Venegas –, na qual Bustamante retomou a publicação do *Juguetillo*. Para Gómez de Lara et al. (1997, p.20-1), a imprensa foi o veículo de expressão para as demais liberdades do México, no entanto o poderio e a transcendência desse meio sugeriram às autoridades que a legislação reguladora tendesse mais a limitar seu exercício que a definir sua natureza e abrangência.

Na nova edição do *Juguetillo*, a de número sete – obedecendo à sequência anterior à proibição em julho de 1812 –, Bustamante procurou elogiar as vantagens da Constituição espanhola e seguiu abordando, em outros dois números, a ilustração do vice-reino, em que começou a ponderar sobre as bondades dos "antigos mexicanos". Na sétima edição, dedicada a Fernández de Lizardi, Bustamante expressou as condições de suspensão e o reinício de um direito – a liberdade de imprensa – que ele e Lizardi defenderam anteriormente, como garantia para todos os indivíduos e necessária para o exercício de um bom governo (Gaytán & Aguilar, 2004, p.4).

O juramento da Constituição fez Bustamante enxergá-la como a cura para todos os males que afetavam o vice-reino e que eram atribuídos ao despotismo de seus governantes. No entanto, Bustamante mudou sua opinião em relação à aceitação ao rei Fernando VII – que ele expressara nos opúsculos redigidos dois anos antes, enquanto esteve preso – e não mais percebia a vontade do rei como o último recurso capaz de devolver a felicidade ao reino (Castelán Rueda, 1997, p.170).

Mesmo que o pensamento de Bustamante ainda fosse o mesmo apresentado na obra *El indio mexicano...*, o autor tinha esperança de que a felicidade no vice-reino fosse alcançada por meio da legalidade estabelecida pela Constituição, e não mais pela figura do rei. Em sua autobiografia, Bustamante (2002, p.51) procurou demonstrar sua fé na vontade de Fernando VII, pela situação crítica que passara na prisão:

> [...] em Ulúa escrevi uma obra a qual pus o título *Medidas para la pacificación* dedicada ao rei; [achei] melhor deixá-lo como *Medidas para hacer feliz a México por la independencia*, usei este arbítrio por que se me surpreendessem uma noite, pois em várias o fizeram inoportunamente, registrando até o mais secreto do pavilhão [...]. (tradução nossa)

De acordo com Anna (1987, p.211), o juramento da Constituição de Cádiz pelo rei Fernando VII representava a reforma moderada, a autonomia e a monarquia constitucional ao invés do absolutismo. O restabelecimento da Carta Magna nos territórios americanos não provocou uma contrarrevolução, mas fez que se tornasse perceptível a irrelevância do rei, da Coroa espanhola, do hispanismo e da mãe-pátria.

O descontentamento quanto às atitudes tomadas pelas Cortes de Cádiz aumentou quando as medidas atentaram especialmente contra os interesses da Igreja e dos militares. De acordo com a população mexicana, o anticlericalismo dos espanhóis era muito forte, já que as Cortes emitiram uma série de decretos contra o poder temporal da Igreja, como a supressão do foro eclesiástico, a redução dos dízimos, a abolição das ordens monásticas e da Companhia de Jesus, além da anulação da Inquisição (Villoro, 2002, p.518).

No que diz respeito aos militares, que já detinham o poder nas esferas locais e regionais, os decretos das Cortes indicavam a subordinação das milícias aos *cabildos* e às juntas civis locais, estabeleciam que os cargos públicos deveriam ser preenchidos por meio de eleições e que o comandante das tropas deveria ser um cargo distinto do chefe político local, e somente poderia acontecer essa acumulação se lhe fosse outorgado o poder de capitão-general (Anna, 2001, p.109).

Basicamente, esses foram os motivos que deflagraram a insatisfação dos que viviam na Nova Espanha em relação às Cortes. Os *criollos* e os espanhóis, juntamente com o clero, começaram a conspirar, reunindo-se na igreja La Profesa, na Cidade do México. Nessas reuniões, ficou decidido que eles proclamariam a independência, todavia, antes de dar um passo tão importante, teriam que restituir a paz no vice-reinado. Muitos daqueles que desses encontros participaram foram integrantes do golpe contra o vice-rei espanhol Iturrigaray em 1808.

Nesse momento, restavam ao poder imperial espanhol somente duas opções: restabelecer a legitimidade da sua autoridade no vice-reino e a possibilidade de provar aos mexicanos que deveriam sujeitar-se ao governo da Espanha, porque este ainda tinha algo a oferecer (Anna, 1987, p.208).

Porém, com a ruptura da ordem na Nova Espanha, o exército conquistou um lugar importante no cenário político. Nesse contexto, o general *criollo* Agustín de Iturbide, unido a Vicente Guerrero, aproveitou-se da situação para consumar a independência, sem derramar uma gota de sangue, uma vez que sua fórmula de monarquia constitucional independente, encabeçada por Fernando VII, satisfazia à grande maioria dos habitantes do vice-reinado (Zoraida Vázquez, 2003, p.26).

Por outra parte, com o fim da autoridade real suprema espanhola e a ausência de uma nobreza, o trono foi preenchido imediatamente pelos heróis populares do exército vitorioso. Esse exército, que conseguiu a independência da Espanha, fez que o grupo se tornasse o árbitro do poder no México (Bazant, 2001, p.419-22).

O fato de a independência ter sido realizada no país em apenas alguns meses de 1821 permitiu a constatação de que a Espanha fracassara em sua empreitada e que somente não conseguiu impedir o movimento de independência porque ela e seus agentes não reconheceram que a reconquista do México não era a mesma coisa que a reafirmação da autoridade real. Os mexicanos consideravam que a autoridade espanhola havia deixado de existir havia tempo, desde a corrupção da época do ministro Manuel Godoy; pela abdicação de Carlos IV, em função do seu herdeiro; pela prisão e morte de José de Iturrigaray em 1808; pela usurpação do trono, feita por José Bonaparte; pelo restabelecimento de um governo autônomo em Cádiz; e pelas reações do restaurado rei Fernando VII (Anna, 1987, p.208).

Dessa forma, a consumação da independência, em 1821, foi possível porque a restauração do regime constitucional demonstrou que o espírito imperial espanhol "do altar e da coroa" estava morto e que o objetivo do liberalismo constitucional espanhol era a manutenção da dependência das colônias americanas. No entanto, todas as reclamações referentes à Coroa espanhola, que já tiveram validade sob o regime absolutista e que foram absorvidas pelo regime liberal, fizeram-se percebidas de uma forma mais ativa. No mais, a conturbação política vivida na Península era um alerta para o México de que a Constituição poderia correr risco até na própria Espanha e de que era necessária uma atitude enérgica para a sua preservação no México (Anna, 2001, p.110).

Carlos María de Bustamante e a sua articulação política no México independente

Os setores dominantes – Igreja e Exército –, que se viram ameaçados pelo poder espanhol, articularam-se ao redor do *Plan de*

Iguala,³ proclamado por Agustín de Iturbide em março de 1821, o que resultou na independência da colônia espanhola. O *Plan de Iguala* apresentou um programa politicamente aceitável, já que a insurreição não era mais atrativa para muitos mexicanos, porque ameaçava suas vidas, sua segurança e o seu bem-estar (Anna, 1987, p.208). Segundo Bazant (2001, p.414-5), além da unificação da oligarquia *criolla*, todos os corpos do Exército, um após outro, se bandearam para o lado de Iturbide, e somente os batalhões expedicionários apoiaram o governo realista. O alto clero e os latifundiários, por outra parte, sustentaram o movimento de independência com toda a força econômica e moral. Bustamante (2002, p.52) relata como tomou conhecimento do *Plan de Iguala*:

> Na segunda-feira de carnaval de 1821 se soube em Veracruz a respeito do *Plan de Iguala* que comoveu altamente às autoridades do local e recrudesceu o antigo ódio já existente; se soubessem aplicar toda a influência que tinham sobre o general Vicente Guerrero para que unissem suas forças às do senhor Iturbide, conseguiriam vencer o único empecilho que atrapalhava o intento. (tradução nossa)

O governo de Iturbide – juntamente com o *Plan de Iguala* e o Tratado de Córdoba,⁴ que sustentaram seu império após a separação da Espanha – recebeu apoio, em 1821, de *La Gaceta Imperial del Gobierno de México* – que postulava ter sido ele o verdadeiro libertador da Nova Espanha, em vez dos padres Hidalgo e Morelos –, além dos jornais *El Faro del Imperio de la Capital* ou *El Farol de Puebla*. Ao lado daqueles que apoiavam o sistema republicano e acreditavam que os padres eram

---

3 O *Plan de Iguala* uniu os conservadores e liberais, rebeldes e realistas, *criollos* e espanhóis. Composto de 23 artigos, os pontos principais foram as chamadas "três garantias", que eram "religião, independência e união". O *Ejército Trigarante* foi o responsável por levar a cabo o *Plan de Iguala* (Ramírez, 1973b, p.109-15).

4 Tratado de 24 de agosto de 1821 que, com o *Plan de Iguala*, proclamado em 24 de fevereiro de 1821, estabeleceu como forma de governo o império. Iturbide, autor do plano e coautor do tratado – junto com o vice-rei Juan O'Donojú –, era um fervoroso adepto à forma monárquica que considerava necessária para o México (Bravo Ugarte, 1959, p.115-9).

os libertadores, estavam as publicações *La Abeja Poblana*, dos irmãos Trancoso, e *El Semanario Político y Literário*, de José María Luis Mora (Timoteo Álvarez & Martínez Riaza, 1992, p.85).

A partir de 1821, Carlos María de Bustamante começou a publicar a obra *Cuadro histórico de la Revolución Mexicana*, na qual o autor utilizou toda a sua experiência de advogado, jornalista e insurgente, além de oferecer para a nova nação independente um catálogo de façanhas heroicas, a partir das quais se puderam construir os principais mitos que moldurariam a identidade nacional mexicana. Essa obra foi a primeira tentativa do autor de escrever um relato abrangendo o maior número de ações militares e sucessos políticos de importância ocorridos na Nova Espanha, durante o decorrer da luta contra a Espanha.

A primeira versão do *Cuadro histórico* apareceu entre 1821 e 1827. Bustamante o dividiu em três épocas: o golpe de Estado de 1808, na Nova Espanha, que resultou na prisão do vice-rei José de Iturrigaray, perpassando pela guerra de independência, até a morte do vice-rei Juan O'Donojú, depois da assinatura do Tratado de Córdoba. Ao elaborar essa obra, o autor desejou organizar uma memória detalhada sobre os principais fatos da guerra de independência. Essa primeira versão foi redigida durante os anos em que ele participou da luta contra os espanhóis no exército do padre José María Morelos.

Tudo leva a crer que a obra foi escrita entre dezembro de 1812 e janeiro de 1813, até um mês antes de sua prisão em 11 de agosto de 1817. O próprio Bustamante (2002, p.43-4) escreveu, em sua autobiografia, que algumas partes da primeira versão foram escritas nos campos de batalha e que tiveram, como principal fonte, descrições dos combatentes ou, em alguns casos, sua própria observação.

Os principais documentos utilizados na primeira versão do *Cuadro histórico* foram as proclamações militares dos líderes insurgentes, as *Gacetas* do governo do vice-reino, correspondências entre alguns comandantes dos exércitos insurgentes, além de outros tipos de documentos, como as cartas e os ofícios que estiveram em seu poder durante o período em que foi editor do *Correo Americano del Sur* (Claps, 1997, p.114-5).

Com a consolidação da independência, Bustamante pôde publicar, em forma de cartas semanais dirigidas a um "amigo estrangeiro", o *Cuadro histórico* na íntegra, com o apoio econômico de várias secretarias de governo e de algumas legislaturas dos Estados. Nessa obra, Bustamante (2002, p.44) teve como intenção – ao relatar os acontecimentos ocorridos desde 15 de setembro de 1810 até sua prisão, em agosto de 1817 – denunciar os atos cometidos pelo governo espanhol contra os habitantes da Nova Espanha, tal como manifesta em sua autobiografia:

> Esta multidão de reflexões abrumou meu espírito. "Mas levo comigo", me dizia, "para dissipá-las, a história das crueldades e opressão que hoje sofre minha pátria por um tirano, e talvez com sua leitura e com minha voz uma potência amiga da liberdade dos povos se moverá em socorrê-la; talvez eu seja o instrumento de seus remédios [...]". (tradução nossa)

Para Claps (1997, p.117-8), Bustamante, por meio da obra, pretendeu evocar os mexicanos para que eles constituíssem uma "unidade", para que não mais caíssem sob o domínio espanhol. De fato, Bustamante pedira às futuras gerações mexicanas que jurassem ódio eterno à tirania espanhola, já que, para ele, a história era uma grande lição na qual podem ser encontrados os erros que não se devem repetir. Castelán Rueda (1997, p.206) acrescenta que Bustamante escreveu uma "história pátria" como se estivesse escrevendo uma parte da história da civilização cristã, já que acreditava que a revolução de independência era a história de um povo eleito e, como tal, fonte de inspiração moral.

Ainda no primeiro semestre de 1821, diante da conquista da independência e dos logros conseguidos pelos exércitos insurgentes, Carlos María de Bustamante apoiou abertamente os generais Agustín de Iturbide e Antonio López Santa Anna. A proclamação do *Plan de Iguala* permitiu que Bustamante (2002, p.52-3) saísse da cidade de Veracruz no dia 30 de maio de 1821 e se dirigisse primeiro a Xalapa e, depois, a Puebla, com a intenção de voltar à Cidade do México. Ao chegar a Xalapa, cidade rendida pelas forças do general Antonio López de Santa Anna, Bustamante serviu a este como secretário particular e se encarregou de redigir algumas cartas, proclamas e manifestos.

Depois dos serviços prestados ao general Santa Anna, Bustamante dirigiu-se a Puebla e teve duas audiências com Iturbide, o futuro imperador do México, a quem Bustamante buscou convencer a não executar o *Plan de Iguala* e o Tratado de Córdoba, por considerá-los antipatrióticos. Não foi do agrado de Bustamante a adoção da forma de governo monárquica nem a escolha de Iturbide para ser o novo monarca mexicano. Bustamante acreditava que o ex-general deveria deixar que o Congresso resolvesse esses assuntos.

A atitude de Bustamante, direta e clara, incomodou Iturbide, o que, a partir de então, criou uma animosidade entre ambos. Depois do encontro com Iturbide, Bustamante dirigiu-se para a Cidade do México, a qual abandonou, havia nove anos por conta do apoio e da defesa ao movimento insurgente.

O êxito do *Plan de Iguala*, no que se referia à liberdade de imprensa, foi perceptível com a publicação de periódicos, *hojas sueltas* e todo gênero de impressos que se transformaram em "espelho fiel das inquietudes nacionais", já que o México independente herdou, dos tempos coloniais e dos anos duros de luta pela sua liberdade política, um jornalismo com forte sabor informativo-polêmico (Ross, 1965, p.359).

Em seu retorno à capital e diante das circunstâncias, Bustamante editou uma série de periódicos populares: *El Duende de los Cafés*, *La Gaceta de Cayo Pluto* e *La Abispa de Chilpanzingo*. O primeiro número deste foi impresso em Puebla, no dia 15 de novembro de 1821, e reimpresso na Cidade do México em 16 de fevereiro de 1822, oito dias antes da convocação do primeiro Congresso constituinte mexicano, sendo o último em 1826. Sobre sua chegada à Cidade do México e a respeito do seu novo periódico, Bustamante (2002, p.54-5, tradução nossa) escreveu:

> Cheguei a esta capital em 11 de outubro, à ocasião que dava graças à regência de nossa Senhora de Guadalupe por tão memorável favor, minha alegria se tornou em pesadelo quando vi uma Junta que não correspondia em sua totalidade aos votos dos eleitores; suas providências e medida de adulação ao primeiro mandatário, me cheiravam a monarquia de nova

forma, para que não houvesse necessária disposição geral de ânimos. Comecei a publicar um periódico intitulado La Abispa de Chilpanzingo, nele combati o projeto de convocação de que o senhor Iturbide falava, não como regente, mas sim como Agustín de Iturbide.

Em *La Abispa de Chilpanzingo*, Bustamante foi de encontro às ideias defendidas pela *La Gaceta Imperial del Gobierno de México* e, desde seu primeiro número, objetivou escrever tal jornal "para perpetuar a memória do primeiro Congresso instalado em 13 de setembro de 1813 pelo senhor José María Morelos" (Castelán Rueda, 1997, p.195).

De acordo com Rosalba Cruz Soto (2000), Bustamante se sentiu possuído pela antiga insurgência e buscava demonstrar aos editores de *La Gaceta Imperial del Gobierno de México* que os verdadeiros libertadores foram Miguel Hidalgo e José María Morelos – a quem Bustamante chamaria de "Novo Moisés" (Krause, 2005) – e não Agustín de Iturbide. A ideia do ex-insurgente era propagar a ideologia e a epopeia de 1810 para que servisse de apoio doutrinário ao novo Estado e iniciasse os mexicanos no culto àqueles que ele considerava "os verdadeiros heróis da pátria" (Cruz Soto, 2000, p.38).

Esse último fato representa a consolidação de uma nova forma de Bustamante fazer história, já que, no passado, ele se empenhara em cunhar medalhas para registrar algum fato relevante da época colonial. Pode-se dizer que essa nova forma esteve pautada em três princípios. O primeiro seria a apresentação dos heróis sob a forma de mártires: homens sábios, religiosos, humanos e leais. O segundo princípio derivou da insegurança política que se vivia na época – consolidação da independência. Por fim, pautou-se ainda na ideia de que a melhor forma de julgar um fato seria apresentá-lo em sua forma material, evidente, ou seja, tomando como base o documento.

Em *La Abispa de Chilpanzingo*, Bustamante utilizou-se do estilo epistolar, o qual se converteu em uma forma privilegiada para narrar a história do México, dirigindo as cartas a um "suposto amigo" que vivia em outro país. Em seu novo periódico, Bustamante se serviu da metáfora de um menino "surpreso de espanto" para representar a atitude de indiferença dos habitantes da Cidade do México perante sua independência política. Seu intuito foi atuar como um observador dos temores e costumes dos habitantes da Cidade do México.

Em um dos primeiros números de *La Abispa de Chilpanzingo*, o tema central foi a economia da nova nação. Nessa edição, Bustamante fez referências ao comércio do tabaco e à liberação de sua produção, enfatizando que o produto poderia recuperar a economia destruída em consequência de onze anos de guerras com a Espanha.

No terceiro número, Bustamante estabeleceu uma série de reflexões e discussões sobre a forma como deveriam convocar o novo Congresso. No que tangia a assuntos exteriores, o autor apresentou como crucial a colonização do norte do México – Texas e as Califórnias – por colonos estadunidenses que buscavam um "clima mais feliz e privilegiado que o deles" (Castelán Rueda, 1997, p.197).

Segundo o autor, as instituições mexicanas, demonstrando uma grande liberalidade de princípios, deveriam estar dispostas a aceitar "onze milhões e meio" de colonos ou mais em um período aproximado de dez anos. Uma boa política liberal de colonização proporcionaria tal felicidade aos colonos, que, influenciados "pelos costumes puros e pela força do exemplo mexicano", ver-se-iam motivados a abraçar a religião católica e renunciar qualquer outra seita (ibidem).

Ainda no mesmo número de *La Abispa de Chilpanzingo*, Bustamante afirmou que Iturbide deveria devolver a "preciosa joia" à nação, depositada em um Congresso soberano, para que seus integrantes decidissem sobre a forma de governo que melhor conviesse à nova nação independente. O autor utilizou-se do exemplo de George Washington – que se retirou após ter conquistado a independência dos Estados Unidos e devolveu o mando que lhe fora conferido na guerra contra os ingleses – para que o México, da mesma forma que os Estados Unidos, alcançasse sua felicidade e prosperasse com rapidez (ibidem, p.198).

Iturbide, todavia, não repetiu o gesto de Washington e se manifestou contrário às opiniões de Bustamante, decretando a sua prisão. Sobre mais esse encarceramento, Bustamante (2002, p.55, tradução nossa) se referiu, em sua autobiografia:

[...] a combati, digo, como pude, mas o número cinco de meu periódico foi denunciado pelo fiscal de imprensa, o senhor Ignácio Retana, com os pretextos mais frívolos e miseráveis que puderam ocorrer à cabeça delirante de um fanático exaltado; se conhecia à medida que ali havia uma mão superior e de uma influência irresistível, que movia a pluma daquele pobre homem; no dia 20 de novembro me detiveram no quartel da quadrilha de Capa, onde estive preso dez horas, e ao cabo delas me puseram em liberdade por ordem da Junta, fui depois absolvido num segundo julgamento [...], desbaratou-se os planos, enquanto instauravam o processo se faziam as eleições de deputados em Oaxaca para que não nomeasse aquela província.

A partir da instalação do Congresso, em 22 de fevereiro de 1822, a relação divergente entre Bustamante e Iturbide seguia, uma vez que, na opinião do autor, o imperador abusava de seu poder, ainda mais quando críticas eram feitas sobre suas atitudes governamentais. O resultado dessas observações feitas não somente por Bustamante, mas também por outros deputados que censuravam o imperador, foi o decreto de encarceramento em 26 de agosto de 1822.

Bustamante foi libertado em março de 1823, após a renúncia de Iturbide e a reinstalação do Congresso, que o ex-imperador suspendeu em outubro do ano anterior. Com a renúncia de Iturbide, o autor se viu enobrecido diante de suas convicções políticas anti-imperiais e foi uma vez mais eleito deputado para o Congresso, que aprovaria a primeira Constituição Federal mexicana em 4 de outubro de 1824.

O antifederalismo de Bustamante se acentuou ante as novas circunstâncias do México independente. Bustamante insistiu no fato de que a vontade popular era a única fonte de soberania capaz de dispor legitimamente a forma de governo que melhor convinha ao país. Assim sendo, quando o Congresso, do qual ele era integrante, escolheu o sistema federal para gerir o país, o autor esteve convencido de que essa vontade popular – mesmo ele sendo favorável ao republicanismo centralista – era uma vontade soberana, e que, por isso, ele deveria reconhecê-la e respeitá-la.

Entretanto, durante os anos de 1822 e 1824, Bustamante utilizou-se das páginas do periódico *El Cenzontli de México* para prevenir a população dos riscos da anarquia e para lutar contra a escolha do sistema federal, visto que ele considerava que o federalismo dividiria o país em frações, quando o correto era uni-lo (Timoteo Álvarez & Martínez Riaza, 1992, p.86). O federalismo, adotado oficialmente no dia 4 de outubro de 1824, por meio da Constitución Federal de los Estados Unidos Mexicanos (Ramírez, 1973a, p.153-95), foi inspirado na Constituição dos Estados Unidos. Na opinião de Zoraida Vázquez (2003), entretanto, a Constituição mexicana foi mais radical. A autora afirma que a grande dívida da Constituição de 1824 para com a dos Estados Unidos foi a forma de representação em duas câmaras, resultado do compromisso entre os estados pequenos e os grandes para estabelecer a União estadunidense em 1789. Por outra parte, a Constituição de 1824 também seguiu de perto a gaditana, de 1812 (ibidem, p.20).

Na sessão do Congresso de 13 de dezembro de 1823, quando foi discutido o artigo quinto da Acta Constitutiva de la Federación (cf. Ramírez, 1973a, p.154-61), Bustamante apresentou suas opiniões contrárias ao federalismo, nos seguintes termos:

> Que a federação afundaria a pátria na desordem, e reúno em cinco pontos as razões de minha afirmação:
> Primeira – Nenhuma razão de utilidade se apresenta para adotar a forma de república federada;
> Segunda – O estabelecimento desta república atacaria à essência dela que é a igualdade;
> Terceira – A oligarquia seria seu imediato resultado e de conseguinte a tirania e a dissolução;
> Quarto – Sê-la-ia igualmente a pobreza dos povos, sua insegurança e sua reconquista pelos espanhóis e outra potência estrangeira;
> Quinto – Quando o clamor dos povos fosse tal que nos víssemos no caso de adotá-la, as circunstâncias perigosas em que nos encontramos demandaria que este projeto tardaria até que nossa independência fosse reconhecida por toda a Europa. Vejamos se acerto ao demonstrar estas verdades. (apud Zoraida Vázquez & Hernández Silva, 2001, tradução nossa).

Bustamante considerava que o sistema federalista traria mais impostos, uma falsa igualdade da população que conduziria à anarquia, mais gastos com as tropas e a necessidade de um grande contingente de elementos com experiência administrativa. Também mencionava que, dada a pobreza das pessoas e a debilidade militar das províncias, o federalismo permitiria uma fácil reconquista por parte dos espanhóis ou de qualquer outra potência estrangeira (Lopéz Betancourt, 1977, p.108-11).

As tentativas, em vão, do autor em convencer os outros deputados pela escolha do sistema político de sua preferência deixaram-no desiludido e temeroso, segundo suas próprias palavras no fim do ano de 1823:

[...] a Europa não reconhece nossa independência, estamos divididos já ainda contagiados com a doença do pernicioso federalismo, temos inimigos e rivais no nosso seio; poderá, portanto substituir esta nascente nação?; não será muito fundado vaticinar mais ruína?; Queira o céu que meus temores sejam infundados! (apud Zoraida Vázquez & Hernández Silva, 2001)

Terminadas as sessões do Congresso constituinte, que promulgaram a Constituição de 1824 e, por conseguinte, a adoção do federalismo, Bustamante retornou à carreira militar que se iniciara em 1812. O Supremo Poder Ejecutivo não viu esse pedido com bons olhos, mas acabou nomeando-o *auditor de guerra cesante*, atribuindo-lhe o mesmo valor que recebiam antigamente os auditores de guerra (Bustamante, 2002, p.57).

Em 1832, Bustamante (1985b) iniciou o relato dos acontecimentos do México independente, por meio da obra *Continuación del cuadro histórico*. O sexto volume, publicado com o título *Historia del emperador Agustín de Iturbide y establecimento de la República Popular Federal* – que, no ano de 1846, foi corrigida e aumentada –, abordou assuntos pertinentes ao governo do primeiro imperador mexicano Agustín I, como a renúncia, o exílio e o fuzilamento do monarca, até a instauração do sistema federal, pelas mãos do Supremo Poder Ejecutivo.

Entre 1833 e 1835, Bustamante se empenhou em escrever e editar suas obras históricas, sem abandonar, no entanto, as atividades políticas. Nesse período, redigiu uma rara obra pedagógica, *Mañanas de* la Alameda de México (Bustamante, 2006), na qual três personagens principais – um casal inglês, Jorge e Milady, e a mexicana Margarita – se reúnem para conversar e o fazem em trinta e quatro manhãs, discursando sobre a antiga história do México. Diante do sucesso que a obra alcançou, o autor se dedicou ao segundo volume de *Mañanas de la Alameda de México*, dessa vez com vinte seis conversas, referindo-se ao visconde de Kingsborough, editor das *Mexican antiquities* (a obra pioneira no resgate historiográfico do México pré-hispânico), como o "*restaurador de la Historia mexicana y vindicador de la gloria de un pueblo*". No referido volume, Margarita narra a história antiga pré-hispânica, desde os *toltecas* até a chegada dos espanhóis à cidade de Veracruz (ibidem).

No dia 23 de outubro de 1835, após mais de uma década de vigência do sistema federalista – o qual, de acordo com Bravo Ugarte (1959, p.25), foi uma completa inovação na tradição governamental do país, mas cujos resultados geraram, por vezes, desunião, anarquia e tirania –, foram promulgadas, no México, as Bases Constitucionales Provisionales (Ramírez, 1973a, p.202-4), que estabeleceram no país o regime centralista. Como o Congresso não tinha o caráter exclusivo de ser constituinte, a redação e a aprovação da Constituição centralista prolongaram-se de outubro de 1835 a dezembro de 1836.

Com a adoção do centralismo, Carlos María de Bustamante sustentou a opinião de que a mudança de sistema de governo era popular porque as pessoas se encontravam cansadas dos "excessos dos que estavam no poder, especialmente os congressistas e os governadores estatais" (cf. Costeloe, 2000, p.89, tradução nossa). Insistiu, ainda, que quase todos os mexicanos estavam a favor da mudança porque o sistema federal trouxera o delito, a falta de segurança para as pessoas e as propriedades, além dos ataques contra a religião, a decadência econômica e a pobreza (ibidem, p.120).

Devemos ressaltar que o centralismo sempre foi apoiado por um grupo pequeno não somente na Cidade do México, mas nos Estados mexicanos. Entretanto, uma minoria decidida e audaz, após uma série de compromissos políticos, conseguiu levar adiante seu projeto, aproveitando as circunstâncias que se foram apresentando e avançando passo a passo. De fato, foi a primeira ocasião em que, desde a consumação da independência, não se fez uso da força militar para impor uma mudança política importante (Sordo Cedeño, 2003, p.99). O grupo responsável pela alteração na forma de organização do Estado representava uma quarta parte do Congresso, advogados e eclesiásticos provenientes do Estado de México e Puebla, todos com ampla experiência política adquirida durante a República Federal. Estes homens – Francisco Manuel Sánchez de Tagle, Mariano Michelena, Carlos María de Bustamante, entre outros – vivenciaram os primórdios da independência, o desencanto e a frustração pela vertiginosa decomposição do país durante a primeira República Federal e compartilhavam a esperança de formar uma nação forte (ibidem, p.103).

No momento em que o general Santa Anna partia para o Texas, para evitar a separação do território que pretendia anexar-se aos Estados Unidos, o Congresso elaborava a nova Constituição de 1836 – chamada de *Siete Leyes Constitucionales*[5] –, que estabeleceu a nova forma de organização que regeu o país durante a primeira República central, até o ano de 1841. A nova Constituição foi dotada da clássica divisão e ordenamento de poderes, um Legislativo bicameral, com um Executivo composto por um presidente – que tinha o mandato de oito anos –, um ministério e um conselho de governo, um poder judicial imóvel e uma divisão de território em "departamentos" dotados de assembleias eletivas, com amplas faculdades de administração (Sierra, 2005).

A novidade da Carta, que mantinha o caráter representativo e popular, foi a criação de um quarto poder, o Supremo Poder Conservador, que teve como função regular os atos dos outros poderes, cuidar para que as leis fossem observadas, declarar quando algum dos poderes violasse a Constituição ou excedesse em suas faculdades, além de definir qual era a vontade nacional nos casos extraordinários que pudessem ocorrer. Para Michael P. Costeloe (2000, p.141), o Supremo

---

5 A comissão redatora apresentou a Constituição em forma de leis constitucionais, em que cada uma tinha um aspecto específico da organização constitucional. Composta por sete leis, ficou conhecida com o nome de *Siete Leyes Constitucionales (Bases y leyes constitucionales...*, 2006). Ver também Ramírez, 1973a, p.199-248).

Poder Conservador funcionaria somente pela força da persuasão moral, sem propriamente iniciar nenhum movimento, mas seria obedecido sempre como o verdadeiro "oráculo social" da nação. Esse poder era formado por uma junta de cinco membros – dentre estes, Carlos María de Bustamante – com renovação de um dos membros a cada dois anos. Para que uma resolução desse poder tivesse efeito, era necessária a aprovação de pelo menos três de seus membros (Ramírez, 1973a, p.204-48). Suas atribuições eram consideráveis, já que o novo poder podia declarar inconstitucional e nula qualquer lei, caso fosse solicitado por qualquer um dos outros três poderes (Costeloe, 2000, p.143).

Com a adoção do centralismo, os deputados buscaram encontrar um equilíbrio entre o princípio de ordem e as liberdades dos mexicanos. Os centralistas trataram de controlar os caudilhos militares e de evitar a preponderância do Exército nas questões políticas. A Constituição de 1836 não impôs à Igreja nenhuma prerrogativa que não estivesse na Carta de 1824, mas, com ela, limitou a soberania dos departamentos e restringiu a participação política do clero. Os centralistas consideraram também que, por meio de um complicado sistema constitucional, poderiam conseguir a estabilidade política, com um centro de união respeitável com pessoas idôneas, para o exercício da tarefa política (Sordo Cedeño, 2003, p.111).

Entretanto, nem tudo aconteceu como imaginavam os adeptos do regime tão defendido por Bustamante. Segundo Annick Lempérière (2003, p.325), as leis de 1836 foram mais liberais que a Constituição de 1824, sendo esse um dos motivos que aceleraram a crise no México. Para Bravo Ugarte (1959, p.25), o sistema centralista mostrou-se policefálico, e o quarto poder, odioso, pois criou obstáculos para os outros poderes.

Para corroborar o fracasso da experiência centralista, a derrota do Texas, a recessão econômica, a crise das moedas de cobre, a imposição de novos impostos, as rebeliões militares, a guerra contra a França (1838-1839) e o movimento separatista de Yucatán (1839-1843), somados às insurreições federalistas que ocorreram no período, fizeram que o regime não se consolidasse no México (Costeloe, 2000, p.152).

Entre fins de 1836 e princípios de 1837, acelerou-se a deterioração do grupo centralista. Por sua vez, o governo mostrou-se incapaz de reunir fundos para iniciar uma nova campanha militar para a reconquista do Texas. Com maior insistência, a opinião pública relacionava a separação da província do Texas com a nova Constituição e com a mudança na forma de organização do Estado. Além disso, a oposição federalista, que sempre esteve presente, os interesses econômicos regionais e as pressões internacionais de franceses e estadunidenses tornaram-se fatores que determinaram o isolamento dos centralistas perante outros grupos políticos (Sordo Cedeño, 2003, p112-3).

A experiência centralista chegou ao fim em 28 de setembro de 1841, quando o país voltou a ser governado por um Ejecutivo Provisional, formado pelos generais Mariano Paredes y Arrillaga, Gabriel Valencia e Antonio López de Santa Anna. O Ejecutivo Provisional estabeleceu as *Bases de Tacubaya* (cf. Bustamante, 1986), as quais:

> [...] suspendiam a ordem constitucional e autorizavam que o comandante do Exército – Santa Anna – nomeasse uma junta de representantes dos departamentos para eleger um presidente provisório, investido de faculdades extraordinárias, enquanto uma nova Constituição era elaborada. (Zoraida Vázquez, 2000, p.23, tradução nossa)

Sobre as *Bases de Tacubaya*, Bustamante escreveu (1986, p.12-3, tradução nossa):

> [...] é a ferida mais profunda que pudera dar ao coração de um povo que conhece aos seus direitos, ama sua liberdade, e começou a gostar de suas doçuras. Com um só traço de pena [Santa Anna] colocou sob um edifício construído ao longo espaço de 19 anos, a já desaparecida liberdade de que se glorificavam desfrutar os mexicanos; [...] Por isto somente dado, sem contar com outros muitos, conhecerá V. E. a sensação profunda que haverá causado no coração de todo mexicano. Assim é que, em todas as partes não se escutam mais queixas e imprecações, e eu estou assombrado ao ver, como pode subsistir esta sociedade sem garantias, e temo muito, que passado este aturdimento que causa um golpe imprevisto [...], a nação volte sobre seus passos, e se precipite ao caos de uma revolução sangrenta [...].

Diante dos caminhos que o governo de Santa Anna tomava, Bustamante procurou "conscientizar" o povo mexicano. Na segunda carta da obra *Apuntes para la historia del gobierno del general don Antonio López de Santa Anna...*, datada de 10 de janeiro de 1843, Bustamante (1986, p.11) descreve o governo do general como puramente militar e despótico, pois temia as atitudes do mandatário. No entanto, ainda assim, parte da população e os comerciantes confiavam que uma "mão dura" poderia resolver os problemas que assolavam o país.

Prosseguindo com os escritos que relatavam os acontecimentos do México após 1821, Bustamante, em 1842, publicou dois tomos (volumes sete e oito da *Continuación del cuadro histórico*) sob o título de *El gabinete mexicano durante el segundo periodo de la administración del Exmo. Señor Presidente Dn. Anastasio Bustamante, hasta la entrega del mando al Exmo. Señor Presidente Interino Dn. Antonio López de Santa Anna*. No primeiro volume, o autor faz referências ao período da administração do presidente Anastasio Bustamante, entre 1837 e 1839. O segundo tomo continua com o estudo sobre a administração do presidente Anastasio Bustamante e termina com a entrega do cargo ao presidente interino Antonio López de Santa Anna.

Em 1842, formou-se um Congresso constituído, em sua maioria, por federalistas, que, no entanto, não se atreveram a tentar restabelecer o sistema do qual eram adeptos. O novo Congresso, instalado no mês de junho, tentou realizar uma reforma religiosa e decretar a liberdade de imprensa, o que desagradou a Santa Anna. De forma geral, as ideias federalistas geraram muitos protestos e pronunciamentos, como os de San Luis Potosí e Huejotzingo, o que resultou na dissolução do Congresso em 19 de dezembro de 1842.[6]

Ao entrar o ano de 1843, um novo Congresso foi formado, e seus membros elaboraram – contando com a intervenção do general Santa Anna – uma nova Constituição, que ficou conhecida como *Bases Orgánicas*. A nova Constituição procurou corrigir alguns erros das *Siete Leyes* e propôs a extinção do Supremo Poder Conservador, além

---

6 Sobre esses protestos e pronunciamentos, e como se deu a dissolução do Congresso, ver Bustamante (1986, carta VII, p.89-101) e Bravo Ugarte (1959, p.26).

da substituição das *juntas departamentales* por assembleias de maior representação. No entanto, as propostas mantiveram a centralização das rendas, dando prioridade aos gastos militares, com o pretexto da guerra com o Texas (Zoraida Vázquez, 2000, p.24).

Com a vigência das *Bases Orgánicas*, Constituição que regeu o país durante grande parte da segunda República centralista (1843-1846), o general Santa Anna propôs nomear Carlos María de Bustamante como um dos membros do Consejo de Estado, o que não foi aceito pelo autor (García Cubas, 1896, p.462). Em *Apuntes para la historia del gobierno del general don Antonio López de Santa Anna...*, Bustamante (1986) relatou precisamente o período em que o general governara o México ditatorialmente.

Entre as boas realizações de Santa Anna, na opinião de Bravo Ugarte (1959, p.26), estão a reorganização do Exército, a criação do Tribunal Mercantil e o restabelecimento do Tribunal de Minas, extinto pela Constituição de Cádiz – atitude que Bustamante (1986, p.27) criticara na carta de número III –, a restauração da Academia de Belas-Artes e o restabelecimento – atendendo a um pedido de Bustamante[7] – dos jesuítas nas regiões setentrionais.

Não obstante, Santa Anna sacrificou o país com novos impostos, não prestou contas – como exigiam as *Bases de Tacubaya* – do uso que fez das faculdades extraordinárias no Ejecutivo Provisional e não tomou posse, como presidente, na data estabelecida pelas *Bases Orgánicas*. Nomeou, ainda, sem a autorização do Congresso, como presidente interino, o general Valentín Canalizo, além de ter saído em campanha, em direção ao Texas, sem licença do Congresso e dado um golpe de Estado contra os Poderes Legislativo e Executivo de Querétaro.

Diante das atitudes de Santa Anna, o general José Joaquín Herrera liderou uma insurreição, que se concretizou no dia 6 de dezembro de 1844, substituindo o general Santa Anna, prisioneiro e exilado. Com o fim do governo do general Santa Anna, Bustamante (1986) publicou, em 1845, a obra *Apuntes para la historia del gobierno del general don Antonio López de Santa Anna...*, iniciada em 1843.

---

7 Sobre esse pedido e o decreto que repôs os jesuítas no norte do México, ver Bustamante (1986, carta X, p.153-4).

Nos anos que se seguiram até o fim do período denominado Segunda República Centralista, em agosto de 1846, a instabilidade predominou no México. Mesmo com o retorno do federalismo, o país envolveu-se em um conflito armado com os Estados Unidos, no qual este país conquistou mais da metade do território mexicano. Essa guerra foi relatada por Bustamante (1994) na obra *El nuevo Bernal Díaz de Castillo. Historia de la invasión de los anglo-americanos en México*, concluída pouco antes de sua morte, em 21 de setembro de 1848.

Bustamante, sem dúvida, pelos papéis que exerceu como patriota, político, historiador e jornalista na história do México, não pode ser esquecido, muito menos visto com certo desdém, como ocorre no discurso de muitos historiadores. Ainda que as críticas existam, temos que saber distinguir entre as que têm alguma razão e aquelas que nascem de vícios caprichosos ou invejas, para que não seja cometida nenhuma injustiça (Labastida, 1994, p. VII). A presença de Bustamante no cenário histórico mexicano deve ser percebida como de suma importância para os que pretendem compreender melhor o período desde a luta pela independência contra os espanhóis até a guerra contra os Estados Unidos, no final da década de 1840.

Posto isso, no próximo capítulo, abordaremos um dos principais textos de Bustamante, a obra *Apuntes para la historia del gobierno del general don Antonio López de Santa Anna...*, em que poderemos observar a postura do autor em relação ao objetivo proposto por ele: "conscientizar" as futuras gerações mexicanas sobre as atitudes dos governantes.

3
A "CONSCIENTIZAÇÃO" DO POVO MEXICANO POR MEIO DA OBRA *APUNTES PARA LA HISTORIA DEL GOBIERNO DEL GENERAL DON ANTONIO LÓPEZ DE SANTA ANNA*...

A obra

Neste capítulo, abordaremos a obra escrita por Bustamante sobre o governo do general Santa Anna, no início dos anos 1840, na qual objetivava a "conscientização" do povo, ao que dizia respeito às atitudes do general em relação ao México. Discorreremos sobre o público-alvo da obra, a forma de divisão, a organização das informações e o procedimento utilizado na escrita.

Enquanto o México vivia sob a ditadura do general Antonio López de Santa Anna, instaurada em outubro de 1841 – e que, segundo Zoraida Vázquez (2000, p.23-4), fora bem-vinda, uma vez que a monarquia, o federalismo e o centralismo fracassaram –, Carlos María de Bustamante (1986, p.11), no começo de 1843, deu início à escrita da obra *Apuntes para la historia del gobierno del general don Antonio López de Santa Anna...*, publicada em 1845, com o seguinte propósito:

> Ao escrever estas cartas, me propus instruir à geração futura dos ápices e pormenores de muitas coisas que parecem ridículas e insignificantes às que já presenciamos; não parecerão tais aos que existam daqui cem anos, pois querrão saber sobre as épocas do México, com o mesmo afã com que hoje inculcamos as da conquista, e andamos a caça de manuscritos que nos falem do governo dos vice-reis. (tradução nossa)

O motivo pelo qual essa obra nos chamou a atenção refere-se aos meios utilizados por Bustamante no exame e "manuseio" da figura do general/presidente. Os relatos e as atitudes do autor sobre o general Santa Anna eram de respeito e incredulidade, levando-o, segundo suas próprias palavras, a desenvolver sentimentos entre a "aversão" e o "espanto".

Por meio dessa obra, Bustamante desejou que seus contemporâneos conhecessem os "desvios do verdadeiro caminho" e a "imoralidade" dos governantes. Daí que, para ilustrar as gerações futuras, Bustamante escolheu fazer as "memórias" de alguns dos muitos governos de Santa Anna. A intenção do autor era oferecer relatos "apaixonantes", utilizando-se, por vezes, de uma linguagem figurada, fazendo alusão a episódios e personagens da história antiga mundial e contemporânea do México, sempre os relacionando aos acontecimentos mais notáveis, em sua opinião, da história mexicana.

De acordo com Bustamante (1985c, v.7, não pag.), suas obras sempre se dirigiriam aos que tinham o poder nas mãos, e ele sempre escrevia e falava a verdade aos que governavam:

> [...] ainda que estejam armados de poder e brilho. Falei aos vice-reis Venegas e Calleja publicando El Juguetillo, falei ao Sr. Iturbide por meio da Abispa de Chilpancingo e do Cenzontli; falei aos Srs. Presidentes Victoria e Guerrero pela Voz de la Pátria; falei enfim ao Sr. Santa Anna publicando a Marimba, e cem artículos nos jornais e folhetos avulsos; meu objetivo era servir à nação, contribuir com minhas escassas luzes, e incendiar os erros de seu governo para que os reparasse, e que a fizesse feliz. (tradução nossa)

Além disso, Bustamante (1985c, v.7, não pag.) insistiu em afirmar que, enquanto trabalhou, não deixou de desejar que a nação melhorasse a sua sorte e alertou para que "os erros cometidos no passado a tornassem cuidadosa e que evitassem outros erros maiores no futuro". Para Carmem Vázquez Mantecón (1985), a análise das causas históricas do passado mexicano, para Bustamante, significaria o prognóstico certo do futuro. Nesse sentido, Vázquez Mantecón (1985, p.XI) percebe uma segunda preocupação, unida à anterior, que abrangeu toda a obra de Bustamante: a necessidade de que os mexicanos de então "criassem uma consciência nacional, como uma herança para os mexicanos de hoje".

O próprio Bustamante assinalou que a obra *Apuntes para la historia del gobierno del general don Antonio López de Santa Anna*... nada mais era do que uma sequência dos cinco volumes do *Cuadro histórico de la Revolución Mexicana* e dos três da *Continuación del cuadro histórico*. Sobre esta última, Bustamante (1985c, v.7, não pag., tradução nossa) afirmou que, ao escrevê-la, a história do México estava relegada a:

> Uma praga de jornais publicados no México e nas capitais dos Estados, e milhares de papéis soltos e folhetos escritos desde o ano de 1821, cuja maior parte se perdeu e passou às lojas de fogos de artifícios, farmácias e lojas de gororobas, contêm sem dúvida a história de nossas revoluções e desacertos; mas como estão escritos sem método nem ordem, e adulando ao partido vencedor, menos servem para instruir que para confundir aos seus leitores.

No entanto, ainda procurou deixar claro que, se as escrevia, era porque estava convencido de que, passados alguns anos, quem aspirasse a escrever a história estaria disposto a tecer um romance ou uma novela para dizer "coisas doces às crianças no berço". Por isso, Bustamante procurou recolher uma grande quantidade de dados e apontamentos secretos, com pretensão de dar-lhes "métodos" e "objetividade" (ibidem).

Além disso, Bustamante (1985c, v.7, não pag., tradução nossa) não se cansou de repetir que não escrevia relatos da história que lhe era contemporânea, mas:

> Memórias para que uma pena bem afiada a escreva de um modo que faça honra aos mexicanos, porque se em sua conduta política existe ações que repreender, também há ações que admirar. Jamais fui dos que levam a máxima de fazer lenha da árvore caída.

Os fatos e acontecimentos escolhidos por Bustamante que compuseram mais um de seus escritos foram: a dissolução do Congresso, a publicação do *Plan de Huejotzingo* e a nomeação da Junta de Notables, para formar as bases da futura Constituição; além das guerras do Texas, de Yucatán; a invasão do Novo México; a guerra do sul dos índios de Chilapa; a imposição de muitas contribuições; a extinção da moeda de cobre; os empréstimos forçados; os descobrimentos das minas de mercúrio e a exploração deste em Jalisco; a prisão de Gómez Pedraza e sócios; a eleição de deputados para o Congresso, pela influência do governo; a ocupação de Tabasco pelas tropas do general Pedro Ampudia e os ataques a essa cidade contra as forças do governador Sentmant, bem como o seu fuzilamento; a demolição do El Parían de México e ruína de Santa Anna, com a cobrança da liberdade nacional que, segundo Bustamante (1986, p.II-III), havia usurpado dos mexicanos.

Assim como em *Cuadro histórico de la Revolución Mexicana* e *Continuación del cuadro histórico*, em *Apuntes para la historia del gobierno del general don Antonio López de Santa Anna*..., Bustamante percebeu a necessidade de sua participação no debate político de sua época, por meio das entregas semanais de sua obra, a qual adquiriu o caráter de um órgão jornalístico, com uma visão política ativa no cotidiano mexicano (Castelán Rueda, 1997, p.216).

Os principais documentos utilizados por Bustamante para a elaboração de *Apuntes para la historia del gobierno del general don Antonio López de Santa Anna*... foram editais do governo mexicano – *El Diario del gobierno* –, correspondências entre alguns generais e políticos, pronunciamentos, cartas e ofícios que estiveram em suas mãos, além das notícias publicadas em diversos jornais mexicanos. Entre os vários periódicos existentes no período, o autor se utilizou principalmente de *El Siglo XIX*, considerado o jornal mais importante no momento e o primeiro que manteve uma atitude crítica ante qualquer forma de governo (Timoteo Álvarez & Martínez Riaza, 1992, p.86).

Bustamante organizou a obra *Apuntes para la historia del gobierno del general don Antonio López de Santa Anna*... na forma de "cartas públicas" dirigidas a um "amigo estrangeiro" e redigiu vinte e seis delas, relatando os principais acontecimentos ocorridos entre outubro de 1841 e fevereiro de 1845. Essas cartas foram escritas quando o autor exercia um de seus muitos mandatos como deputado por seu Estado natal, Oaxaca.

A escolha da forma de produção da obra, por meio de "cartas públicas", também pode ser explicada por ser um dos gêneros mais comuns utilizados na época. Semelhante aos escritos apresentados em forma de um diálogo, nos quais dois ou mais personagens discutem sobre um assunto relevante, nas cartas os personagens mencionados atuam por sua própria vontade, sem a intervenção do editor (Castelán Rueda, 1997, p.204).

Por esse meio, Bustamante narrou os fatos que se sucederam na primeira metade da década de 1840, período conhecido na historiografia mexicana como "a ditadura de Santa Anna". Nesses anos, o general gozou de amplos poderes na esfera militar, além de governar apoiado nas *Bases de Tacubaya*. Segundo Bustamante (1986, p.II), nesse período, os mexicanos não viram a luz pública, o que o levou a indagar-se como eles (os mexicanos) puderam viver sob uma dominação tão dura e degradante, depois de haverem saboreado os princípios e as máximas das constituições liberais.

A obra foi impressa em cartas soltas, semanalmente, com folhas separadas, na forma de cinquenta e nove fólios, tendo sido a primeira delas impressa com a data de 1º de janeiro de 1843 e a última em 18 de fevereiro de 1845, contabilizando quatrocentos e sessenta páginas. As cartas podem ser divididas em três períodos.

O primeiro período vai da carta de número um, publicada no dia 1º de janeiro de 1843, até a de número nove, publicada em 16 de fevereiro de 1843, e trata da gestão do general Santa Anna, de 7 de outubro de 1841 a 20 de junho de 1843 (ibidem, p.152).

No segundo período, são incluídas as cartas de número dez, publicada em 2 de julho de 1843, até a de número vinte, publicada em 25 de setembro de 1844. Nesse conjunto de cartas, Bustamante versou sobre o segundo período do governo do general Santa Anna e findou a narrativa com o pronunciamento do general Mariano Paredes y Arrillaga à nação, no dia 2 de novembro de 1844, no qual propôs a saída do general Santa Anna do poder.

Por fim, o último período engloba a carta de número vinte e um, que foi publicada em 24 de novembro de 1844, até a de número vinte seis, publicada em 18 de fevereiro de 1845, nas quais relata a tentativa de captura até a prisão do general Santa Anna.

O estilo epistolar utilizado por Bustamante, tal qual em escritos anteriores, foi um recurso de expressão amplamente utilizado pelo autor, sendo elemento de primeira importância em sua obra. Em suas cartas, reais ou fictícias, um ator oculto (seu "querido amigo") influi no transcorrer da obra. No *Diario de México*, por exemplo, Bustamante demonstrava os danos sociais que pode causar o jogo em "uma carta de um amigo que vive em Paris". Já no *Correo Americano del Sur*, foram diversas as cartas que o autor utilizava como documentos: cartas que ele mesmo recebia ou enviava, além daquelas que o jornal recebia, foram apresentadas como foram escritas, sem que o editor modificasse seu formato (Castelán Rueda, 1997, p.204).

Segundo Claps (1997, p.112), Bustamante preferiu tal forma de escrita porque lhe permitia expressar as ideias com franqueza, diminuindo ou inclusive evitando, como pareceu sugerir o autor, a simulação e a hipocrisia, o que implicaria outro tipo de trabalho mais formal.

A obra *Apuntes para la historia del gobierno del general don Antonio López de Santa Anna*... não esteve somente constituída pela narração dos fatos históricos, mas também por comentários e reflexões pessoais de Bustamante, que também foi partícipe desses acontecimentos. O autor, em toda sua obra, buscou evidenciar os fatos e as atitudes dos governantes, a partir dos quais os mexicanos pudessem obter um aprendizado que os ajudasse a resolver os problemas que enfrentava a nação independente.

Apesar de sua escolha pelo estilo epistolar, Bustamante (1986, p.III) ainda considerou que sua obra estaria "cheia de defeitos", "inexatidões" e "falta de crítica". No entanto, segundo afirmou, procurou escrevê-la como observara os fatos e admitiu não ter deixado de lado seus sentimentos. Pela proximidade dos acontecimentos e pelas implicações de alguns deles na vida do autor, este foi levado, efetivamente, a cometer pequenas confusões, algumas de ordem cronológica e outras no que se referiu à apresentação das cartas aos leitores. Salientamos que Bustamante escrevera seus textos a uma distância de dois anos dos episódios por ele narrados (Vázquez Mantecón, 1985, p.XXIV).

Por esse motivo, Castelán Rueda (1997, p.206) considera difícil analisar a metodologia empregada por Bustamante por meio de critérios aplicáveis a uma suposta história "acadêmica" ou "científica". A escolha dos assuntos e sua forma de apresentação não obedecem a critérios conceituais inscritos em uma escola de pensamento ou em alguma forma particular de escrever a história. Pelo contrário, a obra de Bustamante oscila entre a simples crônica e uma miscelânea de formas de narrar fatos considerados heroicos.

Na obra, quando lida pela primeira vez, os fatos podem parecer que são narrados de forma linear, com uma cronologia adequada, ou seja, com um início e uma conclusão bem concisos dentro do recorte temporal escolhido por Bustamante: a promulgação das *Bases de Tacubaya* até a queda e julgamento de Santa Anna. Contudo, após uma leitura minuciosa, pode-se perceber que Bustamante não seguiu uma ordem cronológica dos acontecimentos.[1]

Aos problemas já mencionados ao que concerne à escritura da obra, podemos adicionar as sérias questões de redação existentes, as quais tornam custosa a sua leitura. Isso se deve ao fato de Bustamante ter, por várias vezes, sem explicar ao leitor, empregado cortes ao texto, que embaralham, em uma mesma carta, períodos e assuntos completamente distintos.

Para esse problema de cronologia, com o qual deparamos durante a leitura da obra *Apuntes para la historia del gobierno del general don Antonio López de Santa Anna...*, Castelán Rueda (1997, p.209) menciona que, fiel à sua origem de jornalista, Bustamante escrevia e editava as "cartas" que constituiriam a obra por meio do mesmo procedimento utilizado para editar um jornal semanal: redigia e editava, praticamente ao mesmo tempo, as informações de uma semana. No transcorrer da semana, Bustamante prestava atenção às críticas e impressões sobre o seu trabalho, que, sem dúvida, influenciavam sua visão dos fatos e o obrigavam a ampliar ou retornar ao tema abordado.[2]

Talvez seja por essa razão que muitos autores criticaram as obras de Bustamante, afirmando que o autor não poderia ser considerado

---

1 Como exemplo, podemos mencionar a carta XX, datada de 25 de setembro de 1844, que relatava, em sua maior parte, os fatos ocorridos nos meses de outubro e novembro do decorrente ano.

2 Gostaríamos de mencionar que, em uma única carta, Bustamante não faz referência apenas ao "seu querido amigo", mas "aos seus leitores". Tal fato ocorreu na carta de número XXV, e, assim, o argumento de Castelán Rueda (1997) pode ser reforçado.

um historiador, uma vez que se equivocava nas datas ou porque os seus relatos eram extremamente passionais, ou ainda porque fizera uma apologia à independência. Sobre essas opiniões, Claps (1997, p.125) considera que seus emitentes podem ser divididos em dois grupos de historiadores: o erudito-crítico e o crítico-revalorizador.

O primeiro grupo, de acordo com Claps (1997), criticou Bustamante por sua ingenuidade, rapidez com que publicava seus textos, falhas de erudição e a falta de escrúpulo editorial, considerando que seus escritos caracterizavam-se por uma credulidade às vezes pueril, já que se deixava influenciar por comentários não confirmados, ou que, em algumas ocasiões, sua própria opinião resultava tendenciosa e inconsequente. Os historiadores do segundo grupo levaram em consideração as situações nas quais Bustamante realizou sua obra, ou seja, justificaram as falhas e as restrições dos trabalhos e fizeram elogios ao estilo passional de sua narração (ibidem, p.125-6).

Independentemente de todas essas opiniões, favoráveis e contrárias à obra de Carlos María de Bustamante – retratando o período de guerra contra os espanhóis e o pós-independente, até o fim dos anos de 1840 –, concordamos com a opinião de Lucas Alamán,[3] segundo o qual qualquer um que quiser saber sobre esses episódios da história do México não pode deixar de se reportar às obras de Bustamante, pois estas contribuíram para a formação da vida política, doméstica e social do México (Salado Ávarez, 1933, p.158). Acreditamos que Bustamante procurou narrar não apenas os acontecimentos históricos entre as décadas de 1810 e 1840, mas buscou ainda comentar e refletir pessoalmente sobre eles, algo que fez de uma maneira apaixonante e nunca indiferente.

---

3 Lucas Alamán é uma das figuras literárias mais importantes de sua época no México, tanto pela qualidade de sua prosa como pela seriedade em seus métodos de investigação como historiador. No entanto, também é um dos escritores mexicanos mais discutidos, por causa de sua inegável parcialidade quanto às ideias políticas, ainda mais em escritos literários. Suas obras mais importantes são: *Historia de México* e *Disertación sobre la historia de México*.

MORALIZAR, PROPAGAR E CONSCIENTIZAR   87

Antonio López de Santa Anna na ótica de Carlos María de Bustamante

A obra *Apuntes para la historia del gobierno del general don Antonio López de Santa Anna...* é o texto em que Bustamante relatou não somente um dos governos do general Santa Anna, mas representou também uma tentativa de divulgar as principais ocorrências que contribuíram para a instabilidade do México depois de conquistada a independência da Espanha.

Para muitos historiadores, Santa Anna foi considerado "a cobra que devorou todas as outras" (Vázquez Mantecón, 1985, p.XXIV), além de ser um homem que teve sua conduta "totalmente desprovida de sentido comum", governou o país "sem capricho, sem plano nem método" (Muñoz, 1990, p.187). Por esses motivos, Bustamante, em *Apuntes para la historia del gobierno del general don Antonio López de Santa Anna...*, procurou não apenas relatar os acontecimentos do sexto, sétimo e oitavo períodos do governo do general, mas também revelar sua visão sobre a conduta de Santa Anna em relação ao povo mexicano.

O general que, em 1841, já participava da cena política no país havia vinte anos – desde a queda do imperador Iturbide até a destituição do presidente Anastasio Bustamante – mostrou-se um patriota autêntico, somente interessado no bem da nação (Costeloe, 2000, p.242-3). Entretanto, segundo Bustamante, Santa Anna foi um homem de caráter extrovertido e duvidoso, que desenvolveu, em poucos anos, uma personalidade egocêntrica e volúvel, que passava da mais simples humildade à soberba exacerbada, sendo considerado um fanfarrão para uns, sagaz para outros, e que nunca passava inadvertido, como consta nestas passagens:

> Apresentou-se ali Santa Anna com todo o esplendor, proteção e luxo, qual pudera dar-se um monarca de Levante. Sua carruagem poderia servir a um soberano, segundo sua formosura e adornos. Seguiram-lhe todos os tribunais de etiqueta, na que marcharam até o santuário, porção de generais a cavalo ricamente enfeitados. (Bustamante, 1986, carta II, p.22, tradução nossa).

O modo com que Santa Anna se apresentou neste banquete foi pomposo e magnífico. Em frente da tua mesa colocaram seis pajens e atrás de sua cadeira seus ajudantes que cuidavam de sua pessoa, e respeitosos procuravam adivinhar seus desejos; jamais se viu entre nós mais desenvolvida aristocracia. (ibidem, carta IV, p.33, tradução nossa)

Enquanto Santa Anna aproveitava-se dessas situações, Bustamante, no decorrer de suas cartas, procurou fazer um contraponto entre a situação do general e a miséria vivida pelo restante da população. A seguir, apresentamos uma passagem na qual o autor versou sobre a penúria que ele testemunhara e o respeito que adquiriu pelo povo mexicano ao saber dos sofrimentos a que seus concidadãos eram submetidos pelo general:

Meu Deus! Que terrível é a imagem da miséria! Não permitas que meus olhos vejam outra vez tão triste situação! Não posso descrevê-la, e se tentasse fazer aqui, diria com Gesnero... Natureza, dá-me teus pincéis, e quando faltar óleo para suavizar as cores, eu os diluirei com minhas lágrimas! Povo mexicano, povo manso, povo piedoso e assaz sofrido! Neste dia te conheci quanto te amava e quão digno sois de outra sorte por tuas virtudes. Queira o céu melhorar-te-á, e transformar estes dias de desgraça e miséria, em dias de ventura e tranquilidade... (ibidem, carta II, p.21, tradução nossa)

Bustamante considerava que, independentemente da situação que assolava o restante da população, Santa Anna sentia-se soberano, digno de luxo e carismático, explorando ao máximo suas faculdades para alcançar o propósito de projetar-se como um ser "semidivino" e supremo (Cortés Nava, 2001, p.181). Para Bustamante, a personalidade inconstante do general o levava, repetidas vezes, a confundir o imaginário com o real, tal como se verificou nos cerimoniais realizados para o pé perdido por Santa Anna na guerra contra os franceses, em 1838:

Na manhã de 5 de dezembro [de 1841] anunciou-se o aniversário de Veracruz em que perdeu Santa Anna um pé e de que fará memória a cada passo que dê. Houve um repique geral e um beija-mão no Palácio. (Bustamante, 1986, carta III, p.26, tradução nossa)

MORALIZAR, PROPAGAR E CONSCIENTIZAR 89

[...] se fez um brilhante enterro, desconhecido para nossos antepassados, do membro de um homem vivo ainda, pelo ocorrido, pela novidade e esquisitice da ocasião, as pessoas mais ilustres do México, e um imenso povo, atraído pela novidade deste singular espetáculo. (ibidem, carta VII, p.84, tradução nossa)

Para Bustamante, essa personalidade de Santa Anna tinha seus reveses, tanto que, de certa maneira, em algumas ocasiões, o general preferia se retirar aos seus domínios em Veracruz, dando mostras de "ressentimento" e "depressão".[4] Em contrapartida, em outras circunstâncias, o general encontrava-se tão seguro de si que acreditava ser "indispensável", "inteligente" e o único capaz de reconduzir a nação a um caminho melhor. Por isso, Santa Anna pretendia que seus retornos à Cidade do México fossem esplendorosos.

Para ilustrarmos melhor como eram as celebrações de retorno do general, utilizaremos algumas passagens em que Bustamante menciona os episódios de março de 1843, quando Santa Anna foi nomeado por uma Junta de Representantes dos Departamentos para reassumir a presidência do país, e de novembro de 1844, quando o presidente interino Valentín Canalizo nomeou-o comandante do Exército mexicano.

O fez no domingo 5 de março de 1843 com aparato esplendoroso, pois o acompanhou muitas tropas saídas daqui a recebe-lo, e que reunidas o escoltou de Puebla, numa quantidade respeitável. [...] O ministro Tornel realizou um grande empenho para que esta entrada fosse magnífica [...]. O verdadeiro objetivo foi aumentar o prestígio deste comandante. (Bustamante, 1986, carta VIII, 123, tradução nossa)

Verificou-se à meia-noite de segunda-feira 18 de novembro de 1844 precedendo para seu recebimento uma bateria de quatro canhões de batalha com bons armões e tropa volante; [o seguia] precedida de música, a famosa coluna de granadeiros chamada de os supremos poderes, com todo equipamento de campanha, dirigindo-se a Nossa Senhora de Guadalupe. (ibidem, carta XX, p.310)

---

4 Em seu diário, Santa Anna (2001, p.44) corrobora essa afirmação: "Designado para desempenhar a presidência do México, essa eleição me desagradou; a melancolia que me dominava fazia-me aborrecido no bulício do palácio, e preferivelmente a solidão [...]" (tradução nossa).

Para o autor, Santa Anna sempre esperava o momento apropriado para fazer suas aparições, fosse por ter sido requisitado ou por acreditar que era necessitado com extrema urgência. Em diversas oportunidades, o general apresentava-se caprichosamente, pois optava por retornar à Cidade do México para "resolver" os problemas do país e, consequentemente, retomar o poder, decidindo, por si só, atacar com veemência seu inimigo, quem quer que ele fosse.

Bustamante acreditava que Santa Anna era um aficionado por mulheres, uma vez que teve vários filhos naturais, dos quais reconheceu alguns. Por causa dessa forte afeição do general, o autor criticou claramente o caráter de Santa Anna, usando inclusive o seu juízo, para fortalecer suas más impressões. Citamos como exemplo o episódio do segundo casamento do general, um mês depois da morte da sua primeira esposa:

> O povo do México não viu com bons olhos este casamento pela proximidade da morte da Sra. García; e tanto mais quanto nossas antigas leis muito escrupulosas, mediram os graus de sentimento que os homens devem ter pela morte de seus parentes; assim é que não assinalam o mesmo tempo do luto ao que perdeu ao pai ou à esposa que a um parente amigo. (ibidem, p.301, tradução nossa)

Bustamante ressaltou ainda, em uma das cartas, que o general dividiu a sua paixão pelas mulheres com as rinhas de galo e jogos de azar. Por causa desses fatos, o autor considerou que o general não sabia administrar economicamente o país e que não pensava nos mexicanos. Convicto dessa opinião, Bustamante tentou "conscientizar" os cidadãos sobre os perigos que corriam ao entregar, nas mãos do general, o empréstimo requerido para a continuação da guerra de reconquista do Texas. Eis a passagem em que Bustamante (1986, carta XVII, p.276, tradução nossa) alertou a Câmara e toda a nação:

> [Se conhecia] a grande necessidade que havia de facilitar os quatro milhões pedidos [...]; mas também conhecia o perigoso que era colocar a disposição de Santa Anna quatro milhões. Recordava suas diversões, seus jogos de palavras de duplo sentido e galos em que havia perdido milhares

de onças: seus convênios lucrativos com os estrangeiros e ainda mexicanos, preço com que vendeu uma parte da prosperidade industrial da nação.

Em algumas cartas, Bustamante (1986, carta VII, p.11-7) mencionou seu relacionamento com o general Santa Anna, como na ocasião em que conversaram sobre os caminhos que poderia tomar o país por causa das decisões do general perante o governo mexicano. Nesse encontro, Bustamante (1986, carta VII, p.80) solicitou a Santa Anna o restabelecimento da Companhia de Jesus no país.[5] Para fortalecermos essa ideia da aproximação entre ambos, temos uma passagem em que Bustamante (1986, carta VII, p.80, tradução nossa) expressou sua impressão particular sobre a figura do general:

> [...] hoje constituído o arbitro da nação, e recebendo incensos e elogios sem taxa; queria haver possuído os conhecimentos frenológicos do Dr. Gall, para descrever a este homem com exatidão. A idade lhe deu um aspecto grave e odiento, sua voz, o tom ou maneiras com que fala aos comandantes não é comum, é imponente, e suas palavras têm um não sei que de inexplicável superioridade. Anda com pena por falta de um pé; mas esta falta a supre com um modo de mandar de força irresistível.

Bustamante, prosseguindo com o cumprimento do seu objetivo e observando o que Santa Anna fazia com o dinheiro público – que deveria ser destinado ao país, que se encontrava em uma situação crítica por causa sobretudo da grande falsificação de moedas de cobre –, informou, em uma de suas cartas, que as terras localizadas desde Veracruz até Xalapa eram todas propriedades de Santa Anna e que a carne e o leite comercializados naquelas localidades saíam de suas fazendas.

Bustamante teve como intenção demonstrar que os impostos eram manejados de forma errônea e, com isso, "conscientizar" a população sobre o perigo que as atitudes do general poderiam acarretar para o México. Em uma de suas cartas, Bustamante (1986, carta XVII, p.276) denunciou a forma como Santa Anna utilizou-se irregularmente dos

---

5 Sobre o decreto de reposição dos jesuítas em diversas regiões do país, ver Bustamante (1986, carta X, p.153-4).

impostos, além de mostrar aos mexicanos a incompatibilidade entre a sua riqueza e os salários que Santa Anna recebia como general de divisão e presidente anualmente – na opinião do autor, com esse montante, o general não poderia adquirir todos os bens que possuía. De acordo com Bustamante, para permanecer no poder, Santa Anna teve a ideia de suspender o Congresso. Temos um relato de uma das cartas de Bustamante (1986, carta I, p.7, tradução nossa) que se refere ao início do sexto período de governo do general, que, para se manter e prosseguir no governo, Santa Anna também:

[...] dispôs levantar numerosos corpos de tropa movendo grandes levas por todos os departamentos. Os executores de suas ordens se excederam cruelmente, pois por entregar suas cotas arrasaram menos com desocupados que com homens de bem, arrancados como suspeitos de suas pobres cabanas e conduzidos algemados à Cidade do México. Resultou-se em espetáculo de compaixão muitas centenas de infelizes trazidos de muitos lugares, seguidos de suas pobres mulheres e ternos filhos, desnutridos e desnudos, que excitaram uma geral compaixão.

Bustamante também aconselhou Santa Anna e fez alusão ao governo do ex-imperador Iturbide, que, para se manter no governo, suspendeu o Congresso de 1822 e o restituiu no ano seguinte, o que acabou por desprestigiá-lo e foi o princípio de sua ruína (ibidem, carta II, p.15). Iturbide "não trabalhou por princípios fixos" e não respeitou a história, já que, para Bustamante (1986, carta II, p.15), "quem governava devia sempre marchar sobre os passos da história, e principalmente da história de seu país".

É interessante salientarmos que Bustamante sempre se utilizaria do exemplo de Iturbide como mostra dos "insucessos históricos" do passado mexicano. No transcorrer das cartas, para indicar os erros que Santa Anna não deveria cometer, Bustamante (1986, carta II, p.101) indaga "se seria possível que a história que se escrevia para guiar os governos havia sido inútil para estes aprenderem a governar".

Ao comparar os dois governantes, Bustamante os equiparava, ao mesmo tempo que procurava demonstrar o seu nível de responsabilidade em "conscientizar" seus leitores. Para tal conscientização, o autor estabeleceu um espaço ético, cujos limites foram impostos de acordo com a sua memória dos períodos de ambos os mandatários na história do México.

Empenhado em sua missão, Bustamante procurou mostrar em suas cartas o quanto Santa Anna não demonstrava interesse pelos assuntos que diziam respeito ao país e à população. O autor fez comentários, entre outros acontecimentos, sobre um ornato público que o general mandou erigir no centro de uma praça na Cidade do México, chegando a destruir um mercado popular (El Parían), despejando do local algumas centenas de famílias. Sobre mais essa atitude de Santa Anna, Bustamante (1986, carta XI, p.202, tradução nossa) escreveu:

> No entanto deste, vi com amargura esvaziar este edifício com grande pressa e sair apavorados dele muitíssimos infelizes que ali tinham seu negócio, perdidos e sem ter onde situar-se; mais de trezentas famílias perecerão sem remédio. Por consultar ao ornato de México, depreciaram Santa Anna suas queixas. Se sequer lhes houvessem dado três meses de prazo para se mudarem, o estrago teria sido menos! Este não ficará sem castigo ante o Eterno. Com a mesma velocidade com que destruímos este edifício, colocamos abaixo muitos estabelecimentos úteis sem sub-rogar outros; por isso hoje nossa situação política é tão deplorável.

Na opinião de Bustamante, Santa Anna vinha legislando sobre "o humano e o divino". Em relação a essas atitudes, que arranhavam a imagem do país, o autor assinalou que a postura do general era "uma falta de respeito aos mexicanos, que ele estava zombando deles, insultando-os e tratando-os como uma manada de bestas incapazes de conhecer o bem e o mal" (Bustamante, 1986, carta VII, p.88).

No decorrer da leitura das cartas, percebe-se, uma vez mais, o quanto Bustamante discordava das atitudes que Santa Anna tomava em relação ao país. Essa discordância ficou evidente na cerimônia de comemoração da independência e pela ausência do general na Cidade do México, após a morte de sua primeira esposa. Em uma das cartas, o autor retratou a sua impressão e o alívio sentido pelo povo quando o general se afastou uma vez mais do poder. Sobre esses sentimentos, Bustamante (1986, carta XX, p.298, tradução nossa) mencionou o seguinte:

A alegria do coração aumenta ou diminui em razão do ânimo e de suas predisposições para receber as ideias e as afeições. Sem dúvida que a ausência de Santa Anna de tal maneira predispôs aos mexicanos, que asseguraram que este dia havia excedido em solenidade aos dos anos anteriores. Efetivamente foi brilhante; [...] todos sentimos um não sei que de júbilo que pressagiava um grande bem que desejávamos e estava próximo a se realizar, mas de quando em quando se amargava esta ideia lisonjeira recordando-nos de que tamanho bem exigia o sacrifício de muitas vítimas.

Bustamante acreditava que, com suas cartas, cumpria o objetivo de "conscientizar" a nação a respeito das atitudes de Santa Anna. Antes da queda do general, em dezembro de 1844, o autor relatou os fatos que resultaram nesse episódio. Em junho desse ano, o general foi eleito pelas Assembleas Departamentales, assumindo pela oitava vez a presidência do México.

Nesse período, intensificaram-se, no país, as notícias de que os Estados Unidos desejavam agregar o Texas. Para combater esse desejo, Santa Anna solicitou, primeiramente, um empréstimo de quatro milhões e outro de dez milhões às câmaras, para tentar reconquistar esse território. Nesse ínterim, o general ausentou-se da presidência no mês de setembro, em razão da morte de sua esposa, retornando no mês de novembro, quando foi nomeado para comandar os exércitos mexicanos, que se dirigiriam para o norte do país.

Com relação à ausência do general na Cidade do México, Bustamante discorre, em suas cartas, as atitudes de grupos militares para tentar mudar o panorama de dificuldade que o México enfrentava sob o domínio da figura de Santa Anna. O autor deu destaque, nesse momento da obra, à mobilização do general Mariano Paredes y Arrillaga, que, em 1º de novembro de 1844, manifestou-se contra Santa Anna.

Nesse manifesto, publicado por Bustamante em sua obra, Santa Anna era acusado pelo grupo do general Paredes de, exercendo os poderes de presidente da República, não cumprir com cinco deveres que se comprometera ao assumir o governo do país, no ano de 1841. Entre eles, estiveram medidas rigorosas para disciplinar o Exército, organização da Fazenda pública e dos setores administrativos, a reconquista do território do Texas e a moralização dos homens viciados pela revolução (ibidem, carta XX, p.321-8).

Sob os efeitos do pronunciamento do general Paredes, Bustamante descreveu que, chegado o dia 1º de dezembro de 1844, dia que, para o autor, "será memorável nos registros públicos da iniquidade e bárbaro despotismo exercido contra a representação nacional", ocorreram mais protestos, dessa vez por meio da Câmara e do Senado, contra o general Santa Anna (ibidem, carta XXI, p.352-4).

No dia 4, quem resolveu se manifestar foi a população, que derrubou uma estátua que Santa Anna tinha erguido no dia 4 de junho, na Plazuela del Volador, desenterrando e arrastando a perna do general pelas ruas da Cidade do México. Na manifestação, o presidente interino Canalizo, que Santa Anna deixara em seu lugar quando se licenciou para tentar recuperar o Texas, foi preso (ibidem, carta XXII, p.360-4).

Na noite de 6 de dezembro de 1844, depois das comemorações pela queda de Santa Anna, o ambiente na Câmara dos Deputados, como relatou Bustamante (1986, carta XVII, p.273) em uma de suas cartas, era de "gozo puríssimo". Alcançado o objetivo, restava colocar o país nos eixos. Para o autor, a primeira atitude a ser tomada para que o país voltasse a ter um rumo era processar o general Santa Anna e os pertencentes ao seu grupo, e, em seguida, decidir quem seria o responsável por comandar o país.

Devemos salientar que Bustamante encerrou a obra durante o julgamento de Santa Anna. Todavia, antes de concluí-la, rogou dizendo ao povo: "Queira Deus que não fiquem enganados em suas esperanças, pois bem-aventurados são os que têm fome e sede de justiça porque eles serão saciados" (ibidem, carta XXVI, p.459). Dessa maneira, Carlos María de Bustamante concluiu a sua obra sobre o governo do general Antonio López de Santa Anna, que, em maio de 1845, fora condenado ao exílio na Venezuela.

Castelán Rueda (1997, p.348) afirma que as referências aos acontecimentos políticos que Bustamante viveu constituíram-se em um dos traços singulares da forma de fazer história. Nas páginas *Apuntes para la historia del gobierno del general don Antonio López de Santa Anna...*, ao mostrar com toda a crueza os piores e mais lamentáveis feitos do passado, a história, para o autor, adquiriria um sentido pedagógico, com o objetivo de que tais fatos não se repetissem. Assim, segundo Bustamante, a história seria um ensinamento, e seu papel consistia em transmiti-lo, justamente para que não se repetissem os erros cometidos no passado imediato. Nas palavras do próprio Bustamante (1985a, v.1, carta V, p.165-6, tradução nossa), a história:

> [...] se escreve para que arrumem os povos sua conduta, e as lições da experiência lhes sirvam de regra para ajustar à razão as operações do presente. A de nossa passada revolução está escrita com sangue; mas que ainda fumega: temamos muito que a relação de nossas loucuras se escreva para as idades vindouras com a que derramem os que hoje as fazem.

A obra *Apuntes para la historia del gobierno del general don Antonio López de Santa Anna...* se consolida como sequência do *Cuadro histórico de la Revolución Mexicana* e da *Continuación del cuadro histórico*. Na concepção de Bustamante, essas obras serviriam como documentos para aqueles historiadores que quisessem entender melhor esses acontecimentos por ele vividos e relatados.

CONSIDERAÇÕES FINAIS

A imprensa, no final do século XVIII e início do XIX, desempenhou um papel ativo nos movimentos políticos e sociais na América espanhola. O jornalismo foi de fundamental importância na constituição de uma opinião pública, na formação e expressão dos ideais de independência das colônias e na constituição dos Estados nacionais. Periódicos, panfletos, diários e revistas, por vezes de vida curta e tiragem limitada, se transformaram em lugares privilegiados de debate e atividade política.

Nesse período, o desenvolvimento da imprensa na América espanhola esteve condicionado à censura que foi se tornando progressivamente reduzida até culminar com as medidas tomadas para impedir a propagação dos escritos revolucionários depois da Revolução Francesa. As ideias ilustradas se dissiparam e se misturaram na Nova Espanha em uma luta de ideias, que enfrentaram a força da tradição, com a desconhecida força da modernidade (Timoteo Álvarez & Martínez Riaza, 1992, p.36).

Justamente nessa época, na Nova Espanha, o fluxo de ideias já era muito intenso – sem dúvida havia mais confusão do que certezas. Pelos *criollos* ilustrados da Nova Espanha, o jornalismo foi visto como uma forma de divulgação de suas ideias – além de uma extensão da escola, da academia, do púlpito e dos tribunais –, no qual eles poderiam fazer sugestões para uma melhor ilustração do reino, sempre manifestando intenções de colaborar com informações para uma melhor forma de se viver (Castelán Rueda, 1997, p.18).

Entre esses *criollos* ilustrados, destacamos Carlos María de Bustamante, que fizera seus estudos em letras e filosofia e advogava com alguma prática. Bustamante conheceu, em 1805, Francisco Primo de Verdad y Ramos, com quem trabalhou e aprofundou-se nas ideias oriundas da Europa. Juntos decidiram publicar, em outubro do mesmo ano, o *Diario de México*, jornal no qual Bustamante pretendeu "moralizar a plebe", considerando que, para alcançar esse objetivo, nada melhor que a "palavra escrita".

Essa modalidade de propagação de ideias sempre foi motivo de preocupação para quem exerce o poder de proibir ou permitir a sua circulação. A palavra escrita possui o poder da imagem, pois produz imagens que, quando lidas ou escutadas, deixam à imaginação a tarefa de delinear características que configuram o ser real ou fictício que descrevem (ibidem, p.362).

Para Bustamante, a palavra escrita foi a forma encontrada para que as críticas perpetradas formassem uma "consciência política a favor da independência", o que não era visto com bons olhos por parte das autoridades do vice-reinado. Seus artigos, publicados no *Diario de México*, serviram, quando já iniciada a luta pela independência, para veicular os infortúnios que assolavam a sociedade.

Com o juramento da Constituição de Cádiz, em 1812, Bustamante, que tentara um apaziguamento nas relações entre *criollos* e peninsulares, usufruiu da liberdade de imprensa para publicar o *Juguetillo*, no qual o autor criou controvérsias sobre qualquer assunto que circulava pelo vice-reinado. Esse intuito de Bustamante de expressar-se livremente e, assim, contribuir para a criação da "opinião pública" na Nova Espanha tornou-se a razão pela qual foi cassado, assim como os demais autores que propuseram a "moralização" da plebe, que tinha acesso aos jornais, bem como seu direito de utilizar a palavra escrita.

Iniciada a luta pela independência, não bastava mais "moralizar e civilizar" a plebe ou mesmo fomentar a "opinião pública". Somando a esses objetivos, Bustamante pretendeu apresentar os motivos pelos quais ele e os demais insurgentes lutavam. A palavra escrita, com a adesão do autor às filas insurgentes, tomou um outro caminho, já que, nas páginas do *Correo Americano del Sur*, Bustamante se opôs à organização política do vice-reino.

Com a proposta da instalação do Congresso de Chilpancingo pelo padre José María Morelos, Bustamante passou a se ocupar de uma outra maneira de utilização dessa palavra, desenvolvendo textos com teor propagandista das ideias insurgentes. Com a morte de Morelos e a desestruturação do movimento insurgente, Bustamante aceitou a anistia oferecida pelos espanhóis, ficando preso por quase três anos. Em 1820, ao ser restabelecida a Constituição de Cádiz, o autor teceu elogios à Carta Magna e à ilustração do vice-reino em *Juguetillo*.

Ao se consolidar a independência no ano de 1821, o autor publicou a obra *Cuadro histórico de la Revolución Mexicana*, relatando e propagando os principais acontecimentos da luta por ele vivenciada, por meio de suas "cartas semanais" direcionadas ao seu "amigo estrangeiro". Nessa obra, o autor procurou escrever as "memórias" dos acontecimentos ocorridos desde 15 de setembro de 1810 até sua prisão, em 1817, objetivando denunciar os atos cometidos pelo governo espanhol contra os *criollos*.

Utilizando-se dessa forma de escrita, Bustamante prosseguiu, de 1821 até 1826, escrevendo no jornal *La Abispa de Chilpanzingo*, desejando também informar e propagar os principais assuntos relativos ao Congresso homônimo, para que a imagem deste fosse perpetuada. O autor ainda buscou mostrar a seus contemporâneos, nas páginas do *El Cenzontli*, os desmandos de Iturbide e sua oposição ao republicanismo federalista, adotado com a queda do ex-imperador.

Em *Apuntes para la historia del gobierno del general don Antonio López de Santa Anna...*, Bustamante procurou narrar a atuação do general Antonio López de Santa Anna, durante alguns dos onze períodos em que esteve no governo do México. Nessa obra, o autor objetivou "conscientizar" os mexicanos de que os erros cometidos no passado – os do império de Agustín de Iturbide – e, sobretudo, aqueles cometidos por Santa Anna servissem de exemplo para as futuras gerações.

A palavra escrita de Bustamante, empregada em uma luta intensa, criou imagens que se reproduziram durante os mais de quarenta anos que o autor a utilizou para "moralizar e conscientizar" a plebe, "propagar" o movimento insurgente e "civilizar" os mexicanos. Empregando a palavra escrita, o autor relatou as ações de personagens e descreveu características, ajudando a construir a identidade dos que viveram no período de transição entre o vice-reino da Nova Espanha e o México independente, época caracterizada por mudanças bruscas, nas quais se enfrentaram as ideias típicas do Antigo Regime e do liberalismo em gestação.

Quadro 1 – Sistemas de governo mexicano (1821-1867)

ANOS	SISTEMAS
1821-1822	Regência
1822-1823	Primeiro Império
1823-1824	Supremo Poder Executivo
1824-1835	Primeira República Federal
1835-1841	Primeira República Central
1841-1843	Executivo provisório com plenos poderes (primeira ditadura de Santa Anna)
1844-1846	Segunda República Central
1846-1853	Segunda República Federal
1853-1855	Regime aconstitucional centralista (segunda ditadura de Santa Anna)
1855-1857	Regime aconstitucional liberal
1857-1863	Terceira República Federal
1863-1867	Segundo Império

Fonte: Sordo Cedeño (2000) e Bravo Ugarte, 1959).

Quadro 2 – Constituições mexicanas (1824-1865)

ANOS	NOME
1824	Constitución Federal de los Estados Unidos Mexicanos
1836	Bases y Leyes constitucionales de la República Mexicana
1843	Bases Orgánicas de la República Mexicana
1847	Acta Constitutiva y de Reformas
1857	Constitución Federal de los Estados Unidos Mexicanos
1865	Estatuto Provisional del Imperio Mexicano

Fonte: Ramírez (1973a) e Galeana (2003).

Quadro 3 – Governantes mexicanos (1821-1867)

PERÍODO	NOME
28 de setembro de 1821 a 29 de março de 1823	Agustín de Iturbide (presidente da regência e primeiro imperador)
29 de março a 31 de março de 1823	José Mariano Marín (presidente do Congresso)
31 de março de 1823 a 10 de outubro de 1824	Pedro Celestino Negrete, José Mariano Michelena, José Miguel Domínguez, Vicente Guerrero, Nicolás Bravo e Guadalupe Victoria (Supremo Poder Executivo)
10 de outubro de 1824 a 1° de abril de 1829	Guadalupe Victoria
1° de abril de 1829 a 18 de dezembro de 1829	Vicente Guerrero
18 de dezembro de 1829 a 23 de dezembro de 1829	José María Bocanegra
23 de dezembro de 1829 a 1° de janeiro de 1830	Pedro Vélez
1° de janeiro de 1830 a 31 de agosto de 1832, 19 de abril de 1837 a 19 de março de 1839 e 11 de julho de 1839 a 21 de setembro de 1841	Anastasio Bustamante
14 de agosto de 1832 a 26 de dezembro de 1832	Melchor Múzquiz
13 de janeiro de 1833 a 31 de março de 1833	Manuel Gómez Pedraza
1° de abril de 1833 a 15 de maio de 1833, 2 a 17 de junho de 1833, 6 de julho a 27 de outubro de 1833, 5 de dezembro de 1833 a 23 de abril de 1834 e 24 de dezembro de 1846 a 20 de março de 1847	Valentín Gómez Farias
16 de maio de 1833 a 1° de junho de 1833, 18 de junho de 1833 a 5 de julho de 1833, 27 de outubro de 1833 a 4 de dezembro de 1833, 24 de abril de 1834 a 27 de janeiro de 1835, 20 de março de 1839 a 10 de julho de 1839, 10 de outubro de 1841 a 26 de outubro de 1842, 4 de março de 1843 a 4 de outubro de 1843, 4 de junho de 1844 a 12 de setembro de 1844, 21 de marco de 1847 a 31 de março de 1847, 20 de maio de 1847 a 16 de setembro de 1847 e 20 de abril de 1853 a 12 de agosto de 1855	Antonio López de Santa Anna
28 de janeiro de 1835 a 27 de fevereiro de 1836	Miguel Barragán
27 de fevereiro de 1836 a 18 de abril de 1837	José Justo Corro
10 a 15 de julho de 1839, 26 de outubro de 1842 a 4 de março de 1843 e 29 de julho a 5 de agosto de 1846	Nicolás Bravo

PERÍODO	NOME
22 de setembro a 6 de outubro de 1841	Francisco Xavier Echeverría
4 de outubro de 1843 a 3 de junho de 1844 e 21 de setembro a 5 de dezembro de 1844	Valentín Canalizo
12 a 20 de setembro de 1844, 6 de dezembro de 1844 a 14 de junho de 1845 e 2 de junho de 1848 a 14 de janeiro de 1851	José Joaquin Herrera
2 de janeiro a 29 de julho de 1846	Mariano Paredes y Arrillaga
6 de agosto a 24 de dezembro de 1846 e 21 a 23 de janeiro de 1859	Mariano Salas
1º de abril a 20 de maio de 1847 e 14 de novembro de 1847 a 7 de janeiro de 1848	Pedro María Anaya
16 de setembro a 14 de novembro de 1847 e 8 de janeiro a 1º de junho de 1848	Manuel de la Peña y Peña
15 de janeiro de 1851 a 6 de janeiro de 1853	Mariano Arista
6 de janeiro a 6 de fevereiro de 1853	Juan Bautista Ceballos
7 de fevereiro a 19 de abril de 1853	Manuel María Lombardini
13 a 15 de agosto de 1855 e 12 de setembro a 3 de outubro de 1855	Rómulo Díaz de la Vega
15 de agosto a 11 de setembro de 1855	Martín Carrera
4 de outubro a 10 de dezembro de 1855	Juan Álvarez Benítez
11 de dezembro de 1855 a 30 de novembro de 1857 e 1º de dezembro de 1857 a 20 de janeiro de 1858	Ignacio Comonfort
19 de janeiro de 1858 a 7 de dezembro de 1861 e 8 de dezembro de 1865 a 24 de dezembro de 1867	Benito Juárez García
21 de janeiro a 23 de dezembro de 1858 e 24 de janeiro a 1º de fevereiro de 1859	Félix María Zuloaga
24 de dezembro de 1858 a 21 de janeiro de 1859	Manuel Robles Pezuela
2 de fevereiro de 1859 a 13 de agosto de 1860 e 15 de agosto a 24 de dezembro de 1860	Miguél Miramon
13 a 15 de agosto de 1860	José Ignacio Pavón
21 de julho de 1863 a 12 de junho de 1864	Juan N. Almonte, Juan B. Ormachea, Mariano S. Pelagio e Antonio de Labastida (regência do segundo império)
10 de abril de 1864 a 15 de maio de 1867	Fernando Maximiliano de Habsburgo (segundo imperador)

Fonte: Disponível em: http://mx.geocities.com/costagrande2000/presidentes.htm, http://www.elbalero.gob.mx/historia/html/gober/gober.html e http://usuarios.lycos.es/Aime/gobernantes.html. Acesso em: 29 ago. 2005. Ver também Zavala (1995) e Bravo Ugarte (1959).

Quadro 4 – Governos do general Santa Anna (1833-1855)

GOVERNOS	PERÍODOS	TEMPO DE GOVERNO	FORMA DE CHEGAR AO PODER	CAUSA PELA QUAL DEIXOU O GOVERNO
Primeiro período	16 de maio de 1833 a 1º de junho de 1833	16 dias	Pelo decreto de 30 de março de 1833.	Assumiu o mando do Exército.
Segundo período	18 de junho de 1833 a 5 de julho de 1833	17 dias	Regressou da perseguição ao general Gabriel Duran.	Novamente se colocou à frente do Exército.
Terceiro período	27 de outubro de 1833 a 4 de dezembro de 1833	1 mês e 8 dias	Regressou após vencer seus inimigos.	Solicitou licença por motivos de saúde.
Quarto período	24 de abril de 1834 a 27 de janeiro de 1835	9 meses e 3 dias	Apresentou-se para governar sem haver vencido a licença que tirou por motivo de saúde.	Renunciou, mas o Congresso não aceitou e lhe concedeu licença pelo tempo que fosse necessário.
Quinto período	20 de março de 1839 a 10 de julho de 1839	3 meses e 20 dias	O Supremo Poder Conservador o nomeou Presidente Interino.	Se "separou" da presidência.
Sexto período	10 de outubro de 1841 a 26 de outubro de 1842	1 ano e 16 dias	Foi nomeado pela Junta de Representantes dos Departamentos.	Pelo decreto expedido por ele mesmo em 10 de outubro de 1841.
Sétimo período	4 de março de 1843 a 4 de outubro de 1843	7 meses	Chegou como presidente provisório.	"Deixou" a presidência provisória que ocupava.
Oitavo período	4 de junho de 1844 a 12 de setembro de 1844	3 meses e 8 dias	Eleito pelas assembleias departamentais, declarado pelas câmaras como presidente constitucional.	Fez uso da licença por decreto.
Nono período	21 de março de 1847 a 31 de março de 1847	10 dias	Nomeado pelo Congresso como presidente interino.	Obteve uma licença para afastar-se do cargo.
Décimo período	20 de maio de 1847 a 16 de setembro de 1847	3 meses e 27 dias	Regressou de uma licença que lhe foi concedida.	Renunciou na Villa de Guadalupe Hidalgo.
Décimo primeiro período	20 de abril de 1853 a 12 de agosto de 1855	2 anos, 3 meses e 23 dias	Lombardini lhe entregou o cargo de depositário do Poder Executivo.	Renunciou em Perote e abandonou o país.
	Tempo total que Santa Anna governou	5 anos, 9 meses e 28 dias		

Fonte: Disponível em: http://usuarios.lycos.es/Aime/gobernantes.html. Acesso em: 6 jul. 2005.

REFERÊNCIAS BIBLIOGRÁFICAS

ALONSO, P. (Comp.) Introducción. In: _____. *Construcciones impresas*. Panfletos, diarios y revistas en la formación de los estilos nacionales en América Latina, 1820-1920. Buenos Aires: Fondo de Cultura Económica, 2004. p.7-12.

ANNA, T. *La caída del gobierno español en la ciudad de México*. México: Fondo de Cultura Económica, 1987.

_____. A independência do México e da América Central. In: BETHEL, L. *História da América Latina*: da independência a 1870. São Paulo: Edusp, 2001. v.III, p.73-118.

BACHMAN, J. E. Los panfletos de la independencia. *Historia Mexicana (México)*, El Colegio de México, v.XX, n.4, p.511-21, abr./jun.1971.

BASES ORGÁNICAS DE LA REPÚBLICA MEXICANA, acordadas por la honorable Junta Legislativa, establecida conforme a los decretos de 19 a 23 de diciembre de 1842, sancionadas por el Supremo Gobierno Provisional con arreglo a los mismos decretos el día 15 de junio del año de 1843 y publicadas por Bando Nacional el día 14 del mismo. Disponível em: http://www.juridicas.unam.mx/infjur/leg/conshist/pdf/1836.pdf. Acesso em: 10 jan. 2006.

BASES Y LEYES CONSTITUCIONALES DE LA REPUBLICA MEXICANA, decretada por el gobierno de la nación en el año de 1836. Disponível em: http://www.juridicas.unam.mx/infjur/leg/conshist/pdf/1836.pdf. Acesso em: 10 jan. 2006.

BAZANT, J. *Historia de la deuda exterior de México 1823-1946.* 3.ed. México: El Colegio de México, 1995.

_____. O México da independência a 1867. In: BETHEL, L. *História da América Latina*: da independência a 1870. São Paulo: Edusp, 2001. v.III, p.413-64.

BRAVO UGARTE, J. *México independente.* Barcelona: Salvat, 1959.

BUSTAMANTE, C. M. de. *El indio mexicano o Avisos al rey Fernando Séptimo para la pacificación de la América Septentrional.* México: Instituto Mexicano del Seguro Social, 1981.

_____. *Cuadro histórico de la Revolución Mexicana.* México: Fondo de Cultura Económica, 1985a. v.1-5.

_____. *Continuación del cuadro histórico.* Historia del emperador Agustín de Iturbide y establecimiento de la República Popular Federal. México: Fondo de Cultura Económica, 1985b. v.6.

_____. *Continuación del cuadro histórico,* El gabinete mexicano durante el segundo período de Bustamante hasta la entrega del mando a Santa Anna. México: Fondo de Cultura Económica, 1985c. v.7-8.

_____. *Apuntes para la historia del gobierno del general don Antonio López de Santa Anna, desde principios de octubre de 1841 hasta 6 de diciembre de 1844 en que fue depuesto del mando por uniforme voluntad de la nación.* México: Fondo de Cultura Económica, 1986.

_____. *El nuevo Bernal Díaz de Castillo.* Historia de la invasión de los anglo-americanos en México. 2.ed. México: Fondo de Cultura Económica, 1994

_____. *Hay tiempos de hablar y tiempos de callar.* México: Planeta, Conaculta, 2002.

_____. *Juguetillo.* Disponível em: http://www.bibliojuridica.org/libros/2/595/7.pdf. Acesso em: 15 abr. 2005a.

_____. *Segundo Juguetillo.* Al elogiador del señor Mariscal D. Félix María del Rey Salud y Reales. Disponível em: http://www.bibliojuridica.org/libros/2/595/8.pdf. Acesso em: 15 abr. 2005b.

_____. *Tercero Juguetillo. Sine ira neque ódio, quorum causas procul habeo.* Disponível em: http://www.bibliojuridica.org/libros/2/595/9.pdf. Acesso em: 15 abr. 2005c.

_____. *Cuarto Juguetillo.* Palavra y perdone el autor de Juguetes contra el *Juguetillo.* Disponível em: http://www.bibliojuridica.org/libros/2/595/10.pdf. Acesso em: 15 abr. 2005d.

BUSTAMANTE, C. M. de. *Mañanas de la Alameda de México*. Disponível em: http://www.cervantesvirtual.com/servlet/SirveObras/02584974390269573089079/p0000001.htm#I_3. Acesso em: 28 fev. 2006.

CARTWRIGHT, C. F. Periodismo, poesía, crítica y censura a fines del Virreinato. Resenha do livro La Arcadia de México. La primera asociación literaria del país de María del Carmen Pérez Hernández. *Correo del Maestro* (México), n.75, ago. 2002. Disponível em: http://www.correodelmaestro.com/anteriores/2002/agosto/libros75.htm. Acesso em: 13 nov. 2005.

CASTELÁN RUEDA, R. *La fuerza de la palabra impresa*. Carlos María de Bustamante y el discurso de la modernidad. México: Fondo de Cultura Económica, 1997.

CHARTIER, R. As práticas da escrita. In: ARIÈS, P.; CHARTIER, R. *História da vida privada*: da Renascença ao Século das Luzes. São Paulo: Companhia das Letras, 1991. p.113-61.

CHEIBUB FIGUEREDO, A.; FIGUEREDO, M. *O plebiscito e as formas de governo*. 2.ed. São Paulo: Brasiliense, 1993.

CHIARAMONTE, J. C. El federalismo argentino en la primera mitad del siglo XIX. In: CARMAGNANI, M. (Coord.) *Federalismo latinoamericano*: México, Argentina, Brasil. México: Fondo de Cultura Económica, 1993. p.81-134.

_____. *Ciudades, provincias, Estados*: orígenes de la nación argentina (1800-1846). Buenos Aires: Espasa-Calpe, Ariel Historia, 1997a.

_____. La formación de los Estados nacionales en Iberoamérica. *Boletín del Instituto de Historia Argentina y Americana "Dr. Emilio Ravignani" (Buenos Aires)*, n.15, p.143-6, 1° semestre de 1997b.

_____. Fundamentos Iusnaturalistas de los movimientos de independencia. *Boletín del Instituto de Historia Argentina y Americana "Dr. Emilio Ravignani" (Buenos Aires)*, n.22, p.33-71, 2° semestre de 2000.

_____. Ciudadanía, soberanía y representación en la génesis del Estado argentino (c. 1810-1852). In: SABATO, H. *Ciudadanía política y formación de las naciones*. Perspectivas históricas de América Latina. México: Fondo de Cultura Económica, 2002. p.94-116.

CLAPS, M. E. Carlos María de Bustamante. In: ORTEGA y MEDINA, J. A.; CAMELO, R. (Comp.) *Historiografía mexicana*. El surgimiento de la historiografía nacional. México: Unam, 1997. v.III, p.109-26.

COELHO, H. M. F. A correspondência como fonte histórica: aspectos da vida acadêmica na cidade de São Paulo no século XIX, através das cartas de Alvarez de Azevedo. *Memória da Semana de História (Franca)*, p.181-5, 1980.

CONSTITUIÇÃO FEDERAL DE LOS ESTADOS UNIDOS MEXICANOS, sancionada por el Congreso General Constituyente, el 4 de octubre de 1824. Disponível em: http://www.juridicas.unam.mx/infjur/leg/conshist/pdf/1824.pdf. Acesso em: 10 jan. 2006.

CONSTITUICIÓN POLÍTICA DE LA MONARQUÍA ESPAÑOLA, promulgada en Cádiz a 19 de marzo de 1812. Disponível em: http://www.cervantesvirtual.com/portal/1812. Acesso em: 1º abr. 2005.

CONSTITUICIÓN POLÍTICA DE LA MONARQUÍA ESPAÑOLA, promulgada en Cádiz a 19 de marzo de 1812. Disponível em: http://www.juridicas.unam.mx/infjur/leg/conshist/pdf/1812.pdf. Acesso em: 10 jan. 2006.

CORREO AMERICANO DEL SUR, 25 de fevereiro de 1813-28 de dezembro de 1813. Disponível em: http://www.antorcha.net/index/hemeroteca. Acesso em: 18 nov. 2005.

COSTELOE, M. P. *La primera República Federal de México (1824-1835)*. Un estudio de los partidos políticos en el México independiente. México: Fondo de Cultura Económica, 1983.

_____. *La respuesta a la independencia*. La España imperial y las revoluciones hispanoamericanas, 1810-1840. México: Fondo de Cultura Económica, 1989.

_____. *La República Central en México, 1835-1846*. "Hombres de bien" en la época de Santa Anna. México: Fondo de Cultura Económica, 2000.

CRUZ SOTO, R. Las publicaciones periódicas y la formación de una identidad nacional. *Estudios de Historia Moderna y Contemporánea de México (México)*, v.20, n.20, p.15-39, jul./dez. 2000. Disponível em: http://www.ejournal.unam.mx/historia_moderna/ehm20/EHM02001.pdf. Acesso em: 5 set. 2005.

DECRETO CONSTITUCIONAL PARA LA LIBERTAD DE LA AMÉRICA MEXICANA, sancionado en Apatizingán a 22 de octubre de 1814. Disponível em: http://www.juridicas.unam.mx/infjur/leg/conshist/pdf/1814.pdf. Acesso em: 10 jan. 2006.

DÍAZ DÍAZ, F. *Caudillos y caciques*. Antonio López de Santa Anna y Juan Álvarez. México: El Colegio de México, 1972.

FREGOSO GENNIS, C. Las ideas insurgentes y su difusión en la prensa del occidente mexicano: estudio de caso *El Despertador Americano*. *Sincronía* (Guadalajara), n.17, 2000. Disponível em: http://fuentes.csh. udg.mx/CUCSH/Sincronia/fregoso.htm. Acesso em: 4 jul. 2005.

FUENTES DÍAZ, V. *Los partidos políticos en México*. 2.ed. México: Altiplano, 1969. p.7-56.

FUENTES MARES, J. En el subsuelo de las constituciones de México. *Historia Mexicana (México)*, v.IX, n.1, p.1-14, jul./dic. 1959.

GARCÍA CUBAS, A. *Diccionario geográfico, histórico y biográfico de los Estados Unidos Mexicanos*. México: Antigua Imprenta de las Escalerillas, 1896. t.1. Disponível em: http://www.colmex.mx. Acesso em: 16 mar. 2005.

GARRIDO ASPERÓ, M. J. Cada quien sus héroes. *Estudios de Historia Moderna y Contemporánea de México (México)*, n.22, p.5-22, jul./dic. 2001 Disponível em: http://www.ejournal.unam.mx/historia_moderna/ehm22/EHM02201.pdf. Acesso em: 5 set. 2005.

GAYTÁN, C. G.; AGUILAR, N. A. Juguetillo dedicado a El Pensador Mexicano. In: II ENCUENTRO INTERNACIONAL DE HISTORIA DE LA PRENSA EN IBEROAMÉRICA, 1792-1950, 2., 2004, Xalapa. Disponível em: http://www.historiadoresdelaprensa.com. mx/articulo/IIencuentroprensa/12.doc. Acesso em: 11 jun. 2005.

GOMES, Â. de C. *Escrita de si, escrita da história: a título de prólogo*. Rio de Janeiro: FGV, 2003. p.7-24.

GÓMEZ DE LARA, F. et al. Estudio sobre la libertad de prensa en México. *Cuadernos Constitucionales México-Centroamérica (México)*, n.25, p.17-34, 1997. Disponível em: http://www.bibliojuridica.org/libros/libro.htm?l=176. Acesso em: 18 dez. 2005.

GUERRA, F.-X. *Modernidad e independencias*. Ensayos sobre las revoluciones hispánicas. 3.ed. México: Fondo de Cultura Económica, 2001.

HERNÁNDEZ CHÁVEZ, A. De la res pública a la República. In: INTERNACIONAL CONGRESS OF HISTORICAL SCIENCES. THE MILLENNIUM CONGRESS, 19. 2000, Oslo. Disponível em: http://www.oslo2000.uio.no/program/papers/s17/s17.chavez. pdf. Acesso em: 8 jun. 2005.

HERREJÓN PEREDO, C. Hidalgo y la Nación. *Revista Relaciones (Zamora)*, v.XXV, 2004. Disponível em: http://www.colmich.edu.

mx/relaciones/099/pdf/Carlos%20Herrej%F3n%20Peredo.pdf.
Acesso em: 22 fev. 2006.

HOBSBAWM, E. J. *Nações e nacionalismo desde 1780*. 3.ed. São Paulo: Paz e Terra, 2002. p.27-61.

KIELHORN, A. E. (Org.) *Dicionário de termos políticos*. São Paulo: Íris, [19--].

KRAUSE, E. El altar de la patria. *Confabulario, Suplemento de Cultura de El Universal on line*, 14 mayo 2005. Disponível em: http://estadis.eluniversal.com.mx/graficos/confabulario/14-mayo-05.htm. Acesso em: 25 jun. 2005.

LABASTIDA, H. Bustamante, prez y conciencia moral de la pátria. In: BUSTAMANTE, C. M. de. *El nuevo Bernal Díaz de Castillo*. Historia de la invasión de los anglo-americanos en México. 2.ed. México: Fondo de Cultura Económica, 1994.

LANDA LANDA, M. G. Características temáticas de las publicaciones periódicas en el siglo XIX. *Gaceta Bibliográfica (México)*, n.8, ene./mar. 2000. Disponível em: http://www.biblional.bibliog.unam.mx/iib/gaceta/abrdic1999/gac08.html. Acesso em: 1º fev. 2006.

LEMOINE VILLACAÑA, E. 1821: ¿Consumación o contradicción de 1810? *Revista Secuencia (México)*, n.1, p.25-35, mar. 1985. Disponível em: http://www.institutomora.edu.mx/secuencia/pdf/01/01_03.pdf. Acesso em: 28 fev. 2006.

LEMPÉRIÈRE, A. De la república corporativa a la nación moderna, México (1821-1860). In: ANNINO, A.; GUERRA, F.-X. (Coord.) *Inventando la nación*. Iberoamérica, siglo XIX. México: Fondo de Cultura Económica, 2003. p.316-46.

LOPÉZ BETANCOURT, R. E. *El antifederalismo de Carlos María de Bustamante*. México, 1977, 247p. Disertación (Mestrado) – Facultad de Filosofia y Letras de Estúdios Superiores, Colegio de Historia, Universidad Nacional Autónoma de México.

MACÍAS, A. Cómo fue publicada la constitución de Apatzingán. *Historia Mexicana. (México)*, v.XIX, n.1, p.11-22, jul./sep. 1969.

_____. Autores de la Constitución de Apatzingán. *Historia Mexicana (México)*, v.XX, n.4, p.511-21, abr./jun. 1971.

MANRIQUE, J. A. Del barroco a la ilustración. In: CENTRO DE ESTUDIOS HISTÓRICOS. *Historia general de México, versión 2000*. 4. reimp. México: El Colegio de México, 2002. p.429-88.

MATUTE, Á. *México en el siglo XIX*: antología de fuentes e interpretaciones históricas. 2.ed. México: Unam, 1973.

MUÑOZ, R. *Santa Anna*. El dictador resplandeciente. 4. reimp. México: Fondo de Cultura Económica, 1990.

OLMEDILLA, C. México, 1808-1821: algunas aportaciones históricas. *Historia Mexicana (México)*, v.IX, n.4, p.586-600, abr./jun. 1960.

PICCATO, P. Jurados de imprenta en México: el honor en la construcción de la esfera pública, 1821-1882. In: ALONSO, P. (Comp.) *Construcciones impresas*. Panfletos, diarios y revistas en la formación de los estilos nacionales en América Latina, 1820-1920. Buenos Aires: Fondo de Cultura Económica, 2004. p.139-65.

PINEDA SOTO, A. La prensa procultural de Michoacán hacia finales del siglo XIX. *Revista da Universidad de Guadalajara (Guadalajara)*, n.28, 2003. Disponível em: http://www.cge.udg.mx/revistaudg/rug28/art1.html. Acesso em: 1º mar. 2006.

POTASH, R. A. Historiografía del México independiente. *Historia Mexicana (México)*, v.X, n.3, p.361-412, ene./mar. 1961.

RAMÍREZ, F. T. *Leyes fundamentales de México, 1808-1873*. 5.ed. México: Porrua, 1973a.

_____. Plan de Iguala y Tratado de Córdoba. In: _____. *Leyes fundamentales de México, 1808-1873*. 5.ed. México: Porrua, 1973b. p.109-15.

ROSS, S. R. El historiador y periodismo mexicano. *Historia Mexicana (México)*, v.XIV, n.4, p.347-82, ene./mar. 1965.

SALADO ÁLVAREZ, V. *La vida azarosa y romántica de don Carlos María de Bustamante*. Madrid: Espasa, Calpe, 1933.

SALINAS SANDOVAL, M. del C. *Oposición al imperio de Agustín de Iturbide*. Disponível em: http://www.cmq.edu.mx/docinvest/document/DI02095.pdf. Acesso em: 15 nov. 2005.

SANTA ANNA, A. L. *Mi historia militar y política, 1810-1874*. México: Lindero, 2001.

SIERRA, J. *La evolución política del pueblo mexicano*. Livro tercero, primeira parte, cap. 1. Disponível em: http://www.cervantesvirtual.com/servlet/SirveObras/ecm/12138307544860273976791/index.htm. Acesso em: 21 mar. 2005.

SIMS, H. D. *La expulsión de los españoles de México (1821-1828)*. México: Fondo de Cultura Económica, 1985.

SORDO CEDEÑO, R. El Congreso y la formación del Estado-Nación. In: ZORAIDA VÁZQUEZ, J. (Coord.). *La fundación del Estado mexicano*. México: Nueva Imagen, 2000.

_____. Bases y leyes constitucionales de la República mexicana, 1836. In: GALEANA, P. (Comp.). *México y sus constituciones*. 2.ed. México: Fondo de Cultura Económica, 2003. p.96-131.

TIMOTEO ÁLVAREZ, J.; MARTÍNEZ RIAZA, A. *Historia de la prensa hispanoamericana*. Madrid: Mapfre, 1992.

TORRE VILLAR, E. de la. Decreto constitucional para la libertad de la América mexicana, 1814. In: GALEANA, P. (Comp.) *México y sus constituciones*. 2.ed. México: Fondo de Cultura Económica, 2003. p.33-63.

TRUEBA, A. *Santa Anna*. 3.ed. México: Jus, 1958.

VÁZQUEZ MANTECÓN, C. Prólogo. In: BUSTAMANTE, C. M. de. *Apuntes para la historia del gobierno del general don Antonio López de Santa Anna, desde principios de octubre de 1841 hasta 6 de diciembre de 1844 en que fue depuesto del mando por uniforme voluntad de la nación*. México: Fondo de Cultura Económica, 1985.

VELASCO, M. G. de. *Historia de las constituciones mexicanas*. Guadalajara: Universidad de Guadalajara, 1978.

VILLORO, L. La revolución de independencia. In: CENTRO DE ESTUDOS HISTÓRICOS. *Historia general de México*. 4. reimp. México: El Colegio de México, 2002. p.490-523.

YÁÑEZ, A. *Santa Anna*: espectro de una sociedad. 3.ed. México: Fondo de Cultura Económica, 1993.

ZAVALA, S. *Apuntes de historia nacional, 1808-1974*. 2. reimp. México: Fondo de Cultura Económica, 1995.

ZERMEÑO, H. D. *La culminación de las traiciones de Santa Anna*. México: Nueva Imagen, 2000.

ZORAIDA VÁZQUEZ, J. *Don Antonio López de Santa Anna, mito y enigma*. México: Centro de Estudios de Historia de México, Condumex, 1987.

_____. *La fundación del Estado mexicano, 1821-1855*. 3. reimp. México: Nueva Imagen, 2000.

_____. Los primeros tropiezos. In: CENTRO DE ESTUDOS HISTÓRICOS. *Historia general de México*. 4. reimp. México: El Colegio de México, 2002. p.527-82.

_____. (Coord.) *El establecimiento del federalismo en México, 1821-1827*. México: El Colegio de México, 2003.

_____. El dilema de la enseñanza de la historia de México. Disponível em: http://www.iacd.oas.org/LaEduca%20114/vazquez.htm. Acesso em: 21 nov. 2005.

ZORAIDA VÁZQUEZ, J.; HERNÁNDEZ SILVA, H. C. (Ed.) *Diario histórico de México de Carlos María de Bustamante*. México: Ciesas, El Colegio de México, 2001. CD-1 (1822-1834).

_____. *Diario histórico de México de Carlos María de Bustamante*. México: Ciesas, El Colegio de México, 2003. CD-2 (1835-1848).

Sites

http://www.antorcha.net
http://www.bibliojuridica.org
http://www.biblional.bibliog.unam.mx
http://www.cervantesvirtual.com
http://www.colmex.mx
http://www.ejournal.unam.mx
http://www.elbalero.gob.mx/historia/html/gober/gober.html
http://www.eluniversal.com.mx/noticias.html
http://mx.geocities.com/costagrande2000/presidentes.htm
http://www.juridicas.unam.mx
http://usuarios.lycos.es/Aime/gobernantes.html

SOBRE O LIVRO

Formato: 14 x 21 cm
Mancha: 23,7 x 42,5 paicas
Tipologia: Horley Old Style 10,5/14
Papel: Offset 75 g/m² (miolo)
Cartão Supremo 250 g/m² (capa)
1ª edição: 2011

EQUIPE DE REALIZAÇÃO

Coordenação Geral
Marcos Keith Takahashi

IMPRESSÃO E ACABAMENTO:

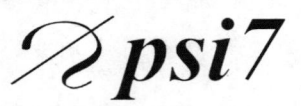

psi 7

Printing Solution & Internet 7 S.A